韓国人と友達になる 必須表現インデックス使用法

旅行中に必要な会話表現が、状況別に整理された『必須表現インデックス(P. 4~18)』を次のような要領でうまく使いこなして下さい。

例：現在、韓国人に自己紹介をしている時

❶ 下の早見表の中から＜韓国人と話そう＞の中の「自己紹介」を探しあてる。
❷ 「必須表現インデックス」の5ページを開き、必要な日本語表現を探しだす。
❸ と同時に、その表現の右横に記載されたページ数と行番号を確認して、さらに本を開いていくと、
❹ 日本語でよみがなのふられた該当の韓国語表現が見つかる。

韓国人と友達になる 必須表現インデックス目次

※下記に示されたページ表記は、左側は本文・右側はインデックスのページ数です。

基本会話	
あいさつ	20・4
肯定・否定の表現	24・4
よくわからない時	28・4
感謝と謝罪	32・4

韓国人と話そう	
話しかける	38・4
自己紹介	42・5
天気・気候について話す時	48・5

韓国人と親しくなろう	
ほめる時	54・5
配慮する時	58・5
頼み事をする時	62・6
祝う時	66・6

韓国人ともっと親しくなろう	
名刺・連絡先を交換する時	72・6
学校や出身地・居住地について話す時	76・6

家族について話す時	80・6
性格・将来の夢について話す時	86・7
職場について話す時	90・7
異性との交際・結婚について話す時	94・7
趣味について話す時	98・7
2002年FIFAワールドカップについて話す時	102・8

韓国人を招待しよう

食事に招待する時	108・8
パーティーに招待する時	112・8
家に招待する時	116・9

韓国人を歓迎しよう

訪問を歓迎する時	124・9
家族を紹介する時	128・9
リラックスさせてあげたい時	134・10
食事をもてなす時	138・10
お土産をもらった時	142・10
見送る時	146・10

韓国人のところに遊びに行こう

ホテルを訪れる時	154・11
その他の宿所を訪れる時	158・11
食事をごちそうになった時	162・11
帰る時のあいさつの言葉	166・11

韓国人とお店で食事をしよう

お店で食事する時の基本会話表現	172・12
食べ物の好みをたずねる時	176・12
味についてたずねる時	180・12
勘定を支払う時	184・13

韓国人と交通機関を使って出かけよう

バスを利用する時	190・13
タクシーを利用する時	194・13
電車を利用する時	198・14

韓国人とショッピングに行こう

ショッピングをする時の基本会話表現	204・14
デパートに行く時	208・14
家電製品のお店に行く時	212・14

韓国人と遊びに行こう

喫茶店に行く時	218・15
映画館に行く時	222・15
居酒屋に行く時	226・15
カラオケに行く時	230・15
クラブ(ディスコ)に行く時	234・15

韓国人ともっと楽しく遊ぼう

遊園地に行く時	240・16
野球の試合を観戦する時	244・16
サッカーの試合を観戦する時	248・16
海・プールに行く時	252・16
山に行く時	256・17

韓国人を見送ろう

記念撮影をする時	262・17
贈り物を渡す時	266・17
(空港等で)見送る時	270・17

韓国語を知らなくても
韓国人と友達になる

作者 **韓日青少年親善交流研究会**
指導・監修 **慶熙大学校ホテル観光大学** / 教授 **夫 伯**

北海道 홋카이도-

- 稚内 왓카나이
- オホーツク海 오호-츠크해
- 網走 아바시리
- 旭川 아사히카와
- 根室 네무로
- 小樽 오타루
- 富良野 후라노
- 釧路 쿠시로
- 札幌 삿포로
- 帯広 오비히로
- 室蘭 무로란
- 苫小牧 토마코마이
- 函館 하코다테

東海

九州 큐-슈-

- 松江 마츠에
- 萩 하기
- 広島 히로시마
- 岡山 오카야마
- 倉敷 쿠라시키
- 下関 시모노세키
- 山口 야마구치
- 宮島 미야지마

四国 시코쿠

- 高松 타카마츠
- 松山 마츠야마
- 高知 코-치
- 宇和島 우와지마

- 福岡 후쿠오카 (博多 하카타)
- 小倉 코쿠라
- 唐津 카라츠
- 佐賀 사가
- 別府 벳푸
- 大分 오-이타
- 長崎 나가사키
- 熊本 쿠마모토
- 延岡 노베오카
- 宮崎 미야자키
- 鹿児島 카고시마
- 指宿 이부스키

- 沖縄 오키나와

青森 아오모리
弘前 히로사키
八戸 하치노헤
盛岡 모리오카
秋田 아키타
花卷 하나마키
山形 야마가타
仙台 센다이
新潟 니-가타
福島 후쿠시마
輪島 와지마
日光 닛칸
長野 나가노
宇都宮 우츠노미야
富山 도야마
金沢 카나자와
松本 마츠모토
前橋 마에바시
浦和 우라와
水戸 미토
福井 후쿠이
高山 타카야마
甲府 코-후
東京 토-쿄
千葉 치바
鳥取 돗토리
岐阜 기후
名古屋 나고야
箱根 하코네
横浜 요코하마
姫路 히메지
京都 교-토
御鬱 오-즈
静岡 시즈오카
熱海 아타미
神戸 고-베
奈良 나라
津 츠
伊藤 이토-
大阪 오-사카
伊勢 이세
和歌山 와카야마
浜松 하마마츠
本州 혼슈
徳島 도쿠시마
新宮 신구
白浜 시라하마

太平洋

국명 : 日本国
면적 : 377,801㎢로 혼슈-(本州), 시코쿠(四国), 큐-슈-(九州), 홋카이도-(北海道)
4개의 큰 섬과 약 4천 개의 작은 섬으로 이루어져 있다.
수도 : 토-쿄-(東京)
국민 : 일본인 99%와 아이누족, 원주민 1만 명 내외의 민족으로 구성된
약 1억2천만 명의 인구로, 1인당 국민소득이 34,630$에 달한다.
시차 : 한국과 동일
기후 : 대체로 온화하며 남북 3천㎞로 길게 걸쳐 있어서 지역별
기후차이가 크다. 장마기간은 6월 중순에서 7월 중순까지이다.

名古屋 主要路線図

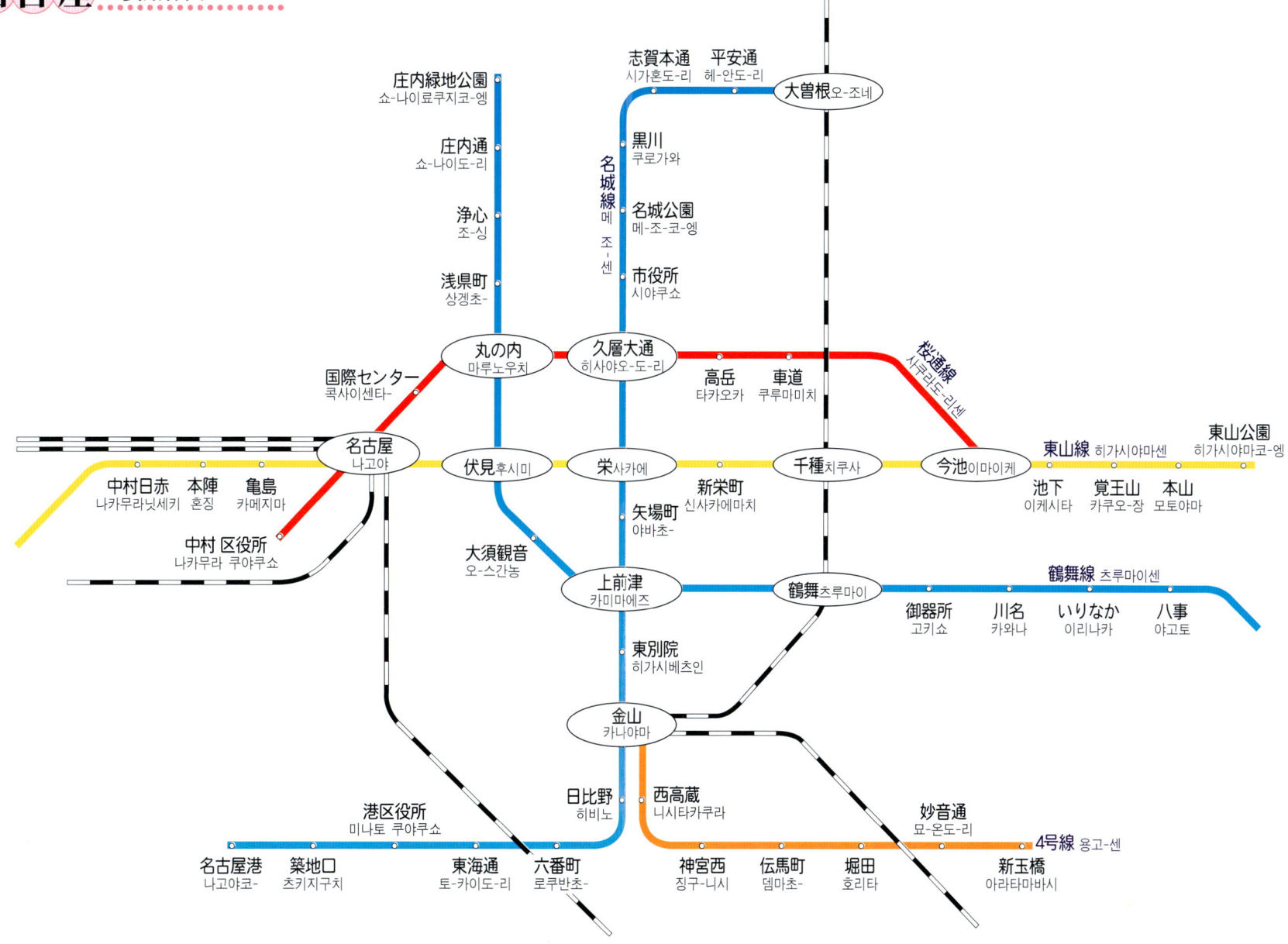

名城線 메-조-센
- 庄内緑地公園 쇼-나이료쿠지코-엥
- 志賀本通 시가혼도-리
- 平安通 헤-안도-리
- 大曽根 오-조네
- 庄内通 쇼-나이도-리
- 黒川 쿠로가와
- 浄心 조-싱
- 名城公園 메-조-코-엥
- 浅県町 상겡초-
- 市役所 시야쿠쇼

桜通線 사쿠라도-리센
- 丸の内 마루노우치
- 久屋大通 히사야오-도-리
- 高岳 타카오카
- 車道 쿠루마미치
- 国際センター 콕사이센타-

東山線 히가시야마센
- 中村日赤 나카무라닛세키
- 本陣 혼징
- 亀島 카메지마
- 名古屋 나고야
- 伏見 후시미
- 栄 사카에
- 千種 치쿠사
- 今池 이마이케
- 池下 이케시타
- 覚王山 카쿠오-장
- 本山 모토야마
- 東山公園 히가시야마코-엥
- 中村区役所 나카무라 쿠야쿠쇼
- 新栄町 신사카에마치
- 矢場町 야바초-
- 大須観音 오-스간농

鶴舞線 츠루마이센
- 上前津 카미마에즈
- 鶴舞 츠루마이
- 御器所 고키쇼
- 川名 카와나
- いりなか 이리나카
- 八事 야고토
- 東別院 히가시베츠인

4号線 용고-센
- 金山 카나야마
- 港区役所 미나토 쿠야쿠쇼
- 日比野 히비노
- 西高蔵 니시타카쿠라
- 妙音通 묘-온도-리
- 名古屋港 나고야코-
- 築地口 츠키지구치
- 東海通 토-카이도-리
- 六番町 로쿠반초-
- 神宮西 징구-니시
- 伝馬町 뎀마초-
- 堀田 호리타
- 新玉橋 아라타마바시

大阪 主要路線図

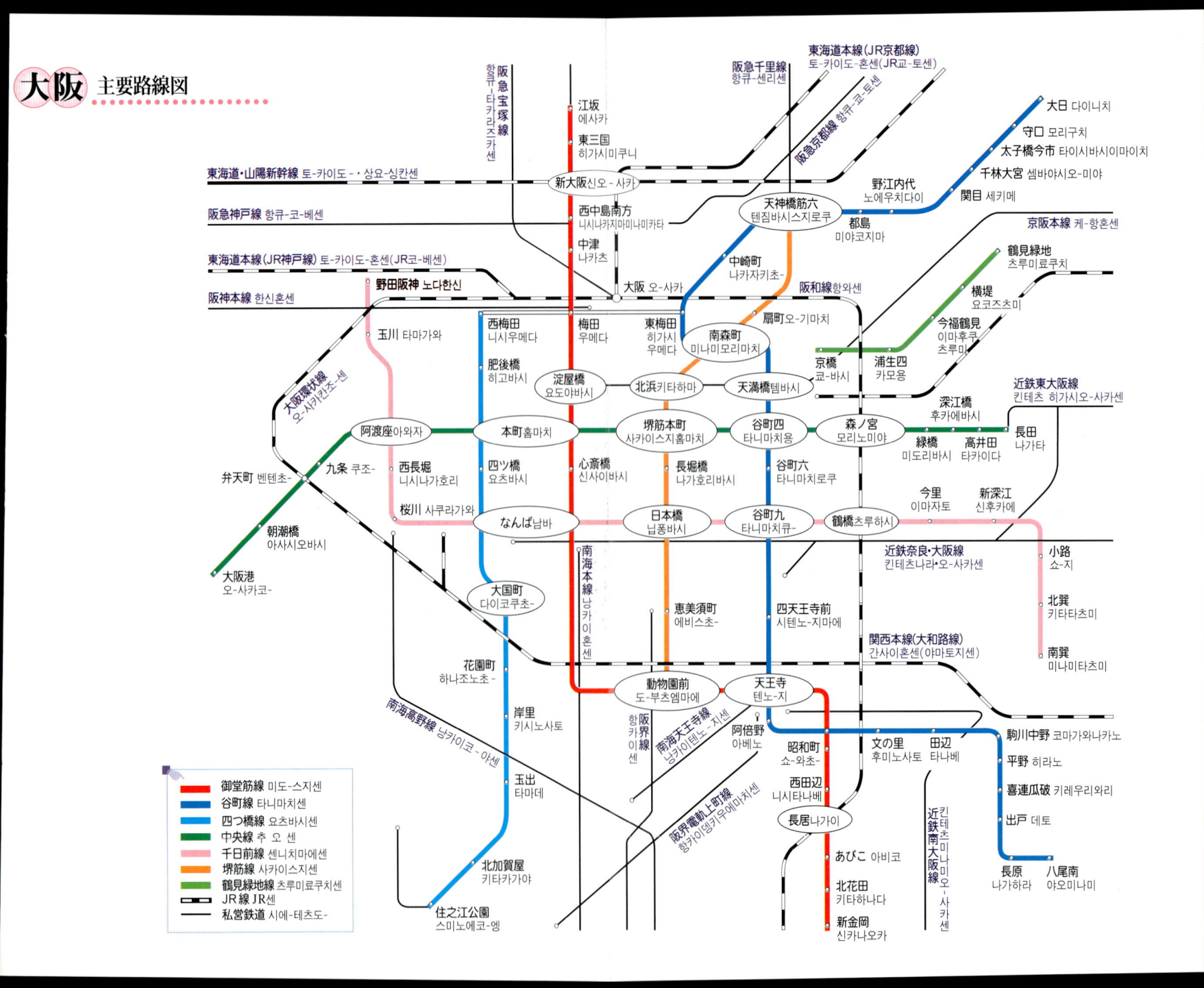

路線凡例:
- 御堂筋線 미도-스지센
- 谷町線 타니마치센
- 四つ橋線 요츠바시센
- 中央線 추오센
- 千日前線 센니치마에센
- 堺筋線 사카이스지센
- 鶴見緑地線 츠루미료쿠치센
- JR線 JR센
- 私営鉄道 시에-테츠도-

路線:
- 東海道・山陽新幹線 토-카이도-・상요-싱칸센
- 阪急神戸線 항큐-코-베센
- 東海道本線(JR神戸線) 토-카이도-혼센(JR코-베센)
- 阪神本線 한신혼센
- 大阪環状線 오-사카칸조-센
- 阪急宝塚線 항큐-타카라즈카센
- 阪急千里線 항큐-센리센
- 東海道本線(JR京都線) 토-카이도-혼센(JR교-토센)
- 阪急京都線 항큐-쿄-토센
- 京阪本線 케-항혼센
- 阪和線 항와센
- 近鉄東大阪線 킨테츠 히가시오-사카센
- 南海本線 난카이혼센
- 近鉄奈良・大阪線 킨테츠나라・오-사카센
- 関西本線(大和路線) 간사이혼센(야마토지센)
- 南海高野線 난카이코-야센
- 南海天王寺線 난카이텐노-지센
- 阪界線 항카이센
- 阪界電軌上町線 항카이덴키우에마치센
- 近鉄南大阪線 킨테츠미나미오-사카센

駅名:
- 江坂 에사카
- 東三国 히가시미쿠니
- 大日 다이니치
- 守口 모리구치
- 太子橋今市 타이시바시이마이치
- 千林大宮 셈바야시오-미야
- 新大阪 신오-사카
- 西中島南方 니시나카지마미나미카타
- 天神橋筋六 텐짐바시스지로쿠
- 野江内代 노에우치다이
- 関目 세키메
- 中津 나카츠
- 都島 미야코지마
- 鶴見緑地 츠루미료쿠치
- 大阪 오-사카
- 中崎町 나카자키초
- 野田阪神 노다한신
- 玉川 타마가와
- 西梅田 니시우메다
- 梅田 우메다
- 東梅田 히가시우메다
- 扇町 오-기마치
- 横堤 요코즈미
- 南森町 미나미모리마치
- 今福鶴見 이마후쿠 츠루미
- 肥後橋 히고바시
- 淀屋橋 요도야바시
- 北浜 키타하마
- 天満橋 템바시
- 京橋 쿄-바시
- 蒲生四 카모용
- 阿渡座 아와자
- 本町 홈마치
- 堺筋本町 사카이스지홈마치
- 谷町四 타니마치용
- 森ノ宮 모리노미야
- 深江橋 후카에바시
- 近鉄東大阪 킨테츠 히가시오-사카센
- 九条 쿠조
- 西長堀 니시나가호리
- 四ツ橋 요츠바시
- 心斎橋 신사이바시
- 長堀橋 나가호리바시
- 谷町六 타니마치로쿠
- 緑橋 미도리바시
- 高井田 타카이다
- 長田 나가타
- 弁天町 벤텐초-
- 桜川 사쿠라가와
- なんば 남바
- 日本橋 닙폰바시
- 谷町九 타니마치큐-
- 鶴橋 츠루하시
- 今里 이마자토
- 新深江 신후카에
- 朝潮橋 아사시오바시
- 小路 쇼-지
- 大阪港 오-사카코-
- 大国町 다이코쿠초-
- 恵美須町 에비스초-
- 四天王寺前 시텐노-지마에
- 北巽 키타타츠미
- 花園町 하나조노초-
- 南巽 미나미타츠미
- 岸里 키시노사토
- 動物園前 도-부츠엠마에
- 天王寺 텐노-지
- 阿倍野 아베노
- 玉出 타마데
- 昭和町 쇼-와초-
- 文の里 후미노사토
- 田辺 타나베
- 駒川中野 코마가와나카노
- 西田辺 니시타나베
- 平野 히라노
- 喜連瓜破 키레우리와리
- 長居 나가이
- 出戸 데토
- 北加賀屋 키타카가야
- あびこ 아비코
- 住之江公園 스미노에코-엥
- 北花田 키타하나다
- 長原 나가하라
- 八尾南 야오미나미
- 新金岡 신카나오카

京都 主要路線図

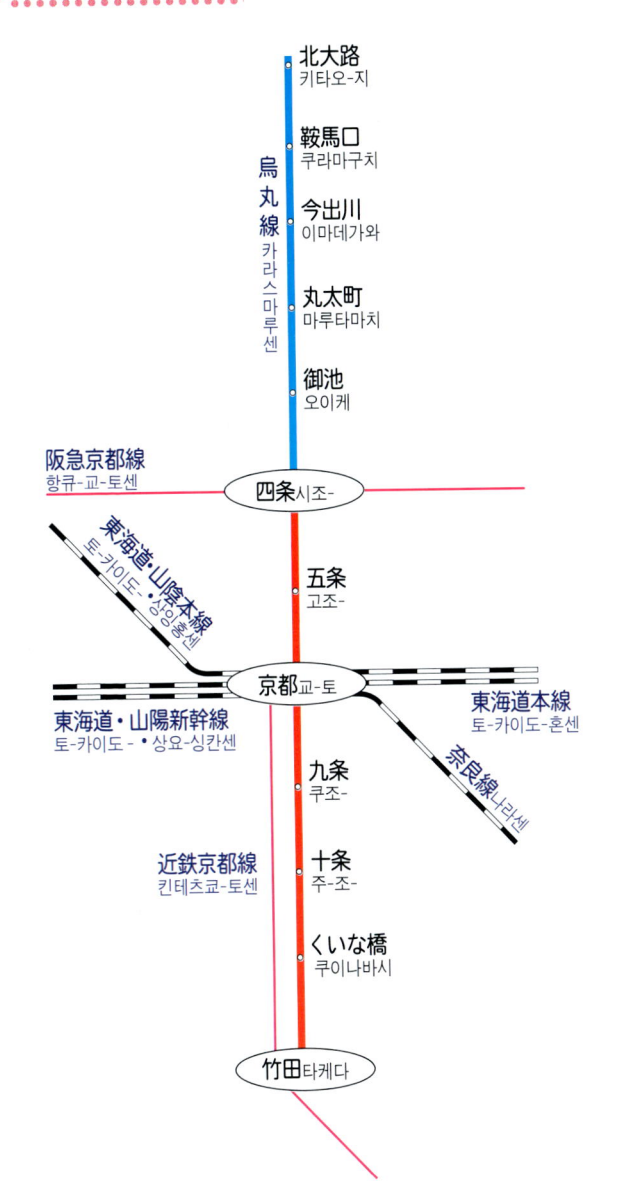

烏丸線 카라스마루센

- 北大路 키타오-지
- 鞍馬口 쿠라마구치
- 今出川 이마데가와
- 丸太町 마루타마치
- 御池 오이케

阪急京都線 항큐-교-토센

- 四条 시조-
- 五条 고조-

東海道・山陰本線 토-카이도・상용혼센

東海道・山陽新幹線 토-카이도・상요-싱칸센

- 京都 교-토

東海道本線 토-카이도-혼센

奈良線 나라센

- 九条 쿠조-
- 十条 주-조-

近鉄京都線 킨테츠쿄-토센

- くいな橋 쿠이나바시
- 竹田 타케다

福岡 主要路線図

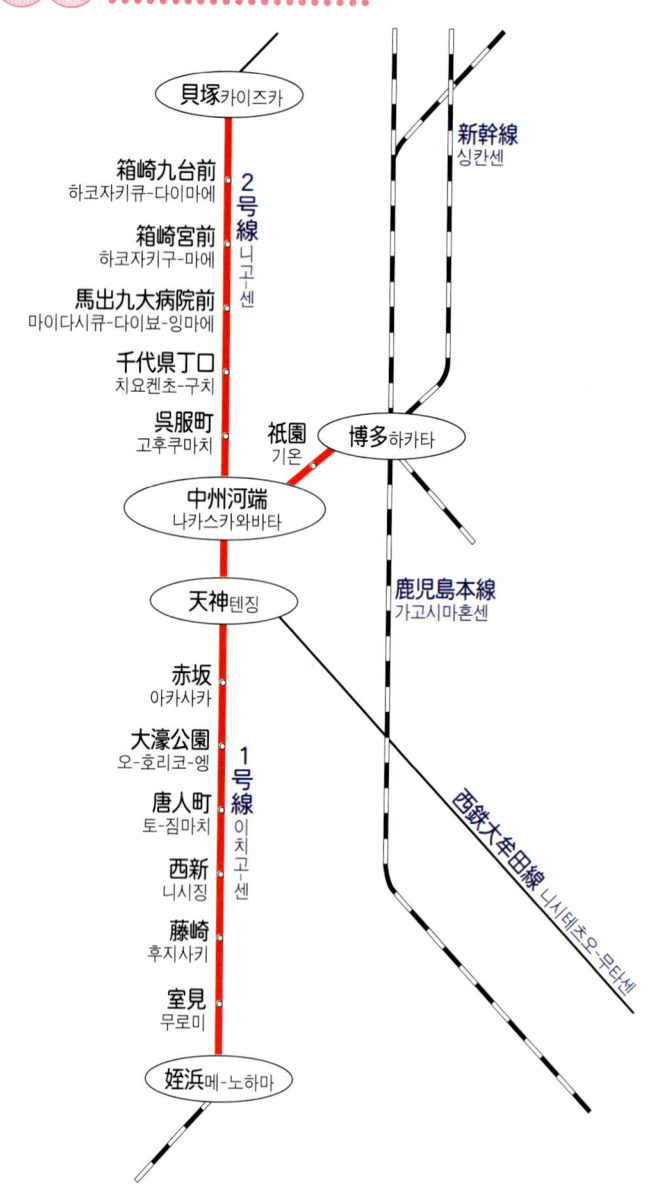

- 貝塚 カイズカ
- 箱崎九台前 하코자키큐-다이마에
- 箱崎宮前 하코자키구-마에
- 馬出九大病院前 마이다시큐-다이뵤-잉마에
- 千代県丁口 치요켄초-구치
- 呉服町 고후쿠마치
- 祇園 기온
- 中州河端 나카스카와바타
- 天神 텐징
- 赤坂 아카사카
- 大濠公園 오-호리코-엥
- 唐人町 토-짐마치
- 西新 니시징
- 藤崎 후지사키
- 室見 무로미
- 姪浜 메-노하마

2号線 니고-센
1号線 이치고-센

博多 하카타
新幹線 싱칸센
鹿児島本線 가고시마혼센
西鉄大牟田線 니시테츠오-무타센

仙台 主要路線図

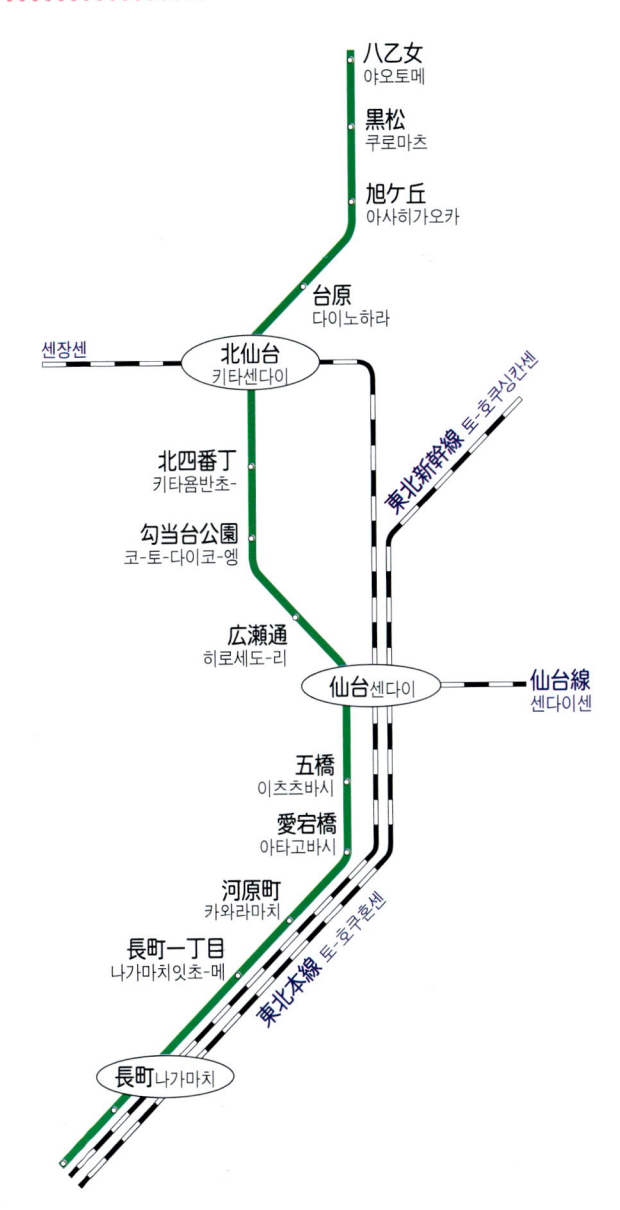

- 八乙女 야오토메
- 黒松 쿠로마츠
- 旭ケ丘 아사히가오카
- 台原 다이노하라
- 北仙台 키타센다이
- 센장센
- 北四番丁 키타욤반쵸-
- 勾当台公園 코-토-다이코-엥
- 広瀬通 히로세도-리
- 東北新幹線 토-호쿠싱칸센
- 仙台 센다이
- 仙台線 센다이센
- 五橋 이츠츠바시
- 愛宕橋 아타고바시
- 河原町 카와라마치
- 長町一丁目 나가마치잇쵸-메
- 東北本線 토-호쿠혼센
- 長町 나가마치

札幌 主要路線図

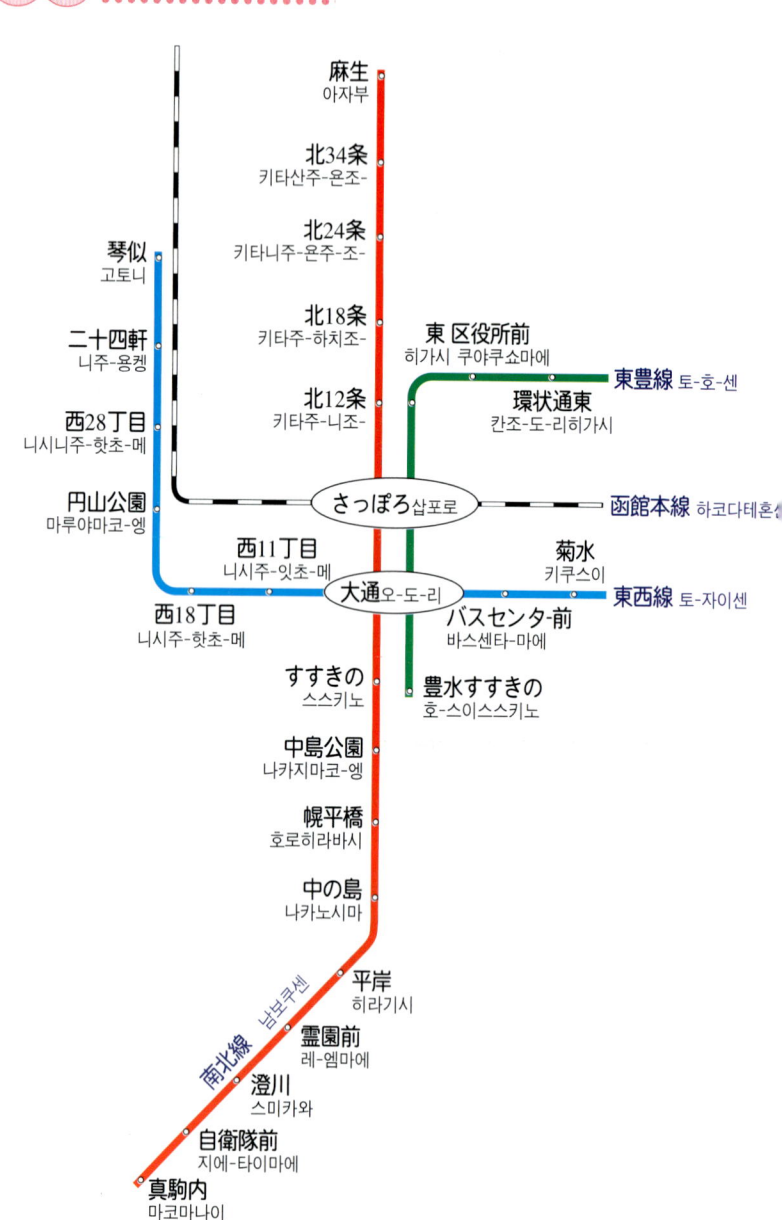

- 麻生 아자부
- 北34条 키타산주-욘조-
- 北24条 키타니주-욘주-조-
- 北18条 키타주-하치조-
- 北12条 키타주-니조-
- 東区役所前 히가시 쿠야쿠쇼마에
- 環状通東 칸조-도-리히가시
- 東豊線 토-호-센
- 琴似 고토니
- 二十四軒 니주-용켕
- 西28丁目 니시니주-핫초-메
- 円山公園 마루야마코-엥
- さっぽろ 삽포로
- 函館本線 하코다테혼센
- 西11丁目 니시주-잇초-메
- 菊水 키쿠스이
- 大通 오-도-리
- 西18丁目 니주-핫초-메
- バスセンタ-前 바스센타-마에
- 東西線 토-자이센
- すすきの 스스키노
- 豊水すすきの 호-스이스스키노
- 中島公園 나카지마코-엥
- 幌平橋 호로히라바시
- 中の島 나카노시마
- 平岸 히라기시
- 霊園前 레-엠마에
- 澄川 스미카와
- 自衛隊前 지에-타이마에
- 真駒内 마코마나이
- 南北線 남보쿠센

일본의 요리

▲ 카이세키요리

카이세키(懷石)란 뜨겁지 않을 정도로 열을 가한 돌로 배를 따뜻하게 한다는 뜻이다. 카이세키 요리는 원래 다도의 자리에서 적당히 먹을 정도로 나오는 가벼운 음식을 뜻하는 말이다. 이 때 요리의 모양이나 장식 또는 요리를 담은 다기 밑부분의 낙관 등에 대해 담소하며 즐기기도 하는데, 저명한 도예가가 구운 다기에 소량씩 담겨 오는 요리들은 하나하나가 조그마하면서도 아름다워 마치 예술작품처럼 느껴진다.

1. 스시 すし

1) 스시(초밥)

좋은 쌀을 다시마 우려낸 물과 미림술로 밥을 지어 양질의 식초를 뿌려 윤기를 내고 소금·조미료·설탕 등을 가미하여 만들어, 신선한 어패류·알류·야채 등을 속에 넣거나 위에 올려서 먹는 요리

① 토로(とろ) 참치
② 하마치(はまち) 방어
③ 이카(いか) 오징어
④ 에비(えび) 새우
⑤ 타이(たい) 도미
⑥ 아지(あじ) 전갱이
⑦ 이쿠라(いくら) 연어알
⑧ 아와비(あわび) 전복

▲ 스시집의 죠원도

⑨ 아나고(あなご) 붕장어
⑩ 타마고(たまご) 구운 계란
⑪ 캄표-마키(かんぴょう巻) 오가리(박 속을 말린 것) 김밥
⑫ 텍카마키(鉄火巻) 참치회를 넣은 김밥
⑬ 캅파마키(河童巻) 오이 김밥
⑭ 시소마키(しそ巻) 차조기입 김밥
　타쿠앙 마키(沢庵巻) 단무지 김밥
⑯ 우메마키(うめ巻) 우메보시 김밥

▲ 스시테-쇼쿠(스시 정식)

2) 치라시즈시(생선회덮밥)

달걀·표고·연근·당근을 양념 조리하여 잘게 썰어, 위에 여러 가지 회 종류·소보로(지방이 적은 생선 살의 수분을 짜고 조미하여 볶은 것)·김·알고명 등을 보기 좋게 담은 요리

▶ 치라시즈시

2. 템푸라 てんぷら

신선한 어패류·야채·버섯류 등에, 달걀·물·조미료를 섞은 밀가루로 옷을 입혀 고온의 식용유에 튀긴 요리. 따뜻할 때 제맛을 내며, 간장에 강판에 간 무·생강과 레몬즙 등을 넣은 양념 소스에 적셔 먹는 일본의 인기 요리 중의 하나로, 포르투갈에서 전해짐

▶ 템푸라 (튀김)

▲ 템푸라테-쇼쿠 (튀김 정식)

▲ 템푸라 요리점의 풍경

① 이카 템푸라(いか) 오징어 튀김
② 에비 템푸라(えび) 새우 튀김
③ 키스 템푸라(きす) 보리멸 튀김
④ 시소 템푸라(しそ) 차조기 튀김
⑤ 시-타케 템푸라(しいたけ) 표고버섯 튀김
⑥ 하스 템푸라(はす) 연근 튀김
⑦ 닌징 템푸라(にんじん) 당근 튀김
⑧ 피-망 템푸라(ピーマン) 피망 튀김
⑨ 다마네기 템푸라(たまねぎ) 양파 튀김

3. 스키야키 すきやき

철로 된 냄비에 얇게 썬 쇠고기를 볶고, 버섯·쑥갓·두부·당면을 넣어 간장·설탕·미림술·조미료 등을 가하여 끓인 한국의 전골과 비슷한 요리로, 날계란이 담긴 개인 접시에 덜어 뜨거울 때 먹는다.

스키야키 정식
① 규-니쿠(牛肉) 쇠고기
② 야사이(野菜) 야채
③ 토-후(豆腐) 두부
④ 시라타키(しらたき) 곤약국수
⑤ 타마고(玉子) 계란
⑥ 오싱코(お新香) 일본식 김치
⑦ 미소시루(みそ汁) 된장국
⑧ 데자-토(デザート) 후식

▲ 스키야키

4. 샤부샤부 しゃぶしゃぶ

전골 냄비의 끓는 물에 아주 얇게 썬 쇠고기는 잠깐 담갔다 꺼내고, 그 국물에는 버섯이나 쑥갓·배추·파·국수 등을 익혀내어 개인 접시에 담아 양념한 간장 소스나 땅콩 양념 소스에 적셔 먹는 요리

▲ 샤부샤부 세트

5. 생선회 さしみ

▲ 마구로회

일본의 대표적인 생식 요리. 독특한 맛에 소화가 잘 되고 영양 손실이 적어 풍부한 비타민을 섭취할 수 있는 요리. 오랜 전통으로 최대한의 신선도를 유지하는 일본의 다양한 생선회를 즐겨 본다.

① 마구로(まぐろ) 참치
② 하마치(はまち) 어린 방어
③ 타이(たい) 도미
④ 히라메(ひらめ) 광어
⑤ 이카(いか) 오징어
⑥ 타코(たこ) 문어
⑦ 에비(えび) 새우
⑧ 카츠오(かつお) 가다랭이
⑨ 카이바시라(かいばしら) 조개관자
⑩ 샤코(しゃこ) 갯가재
⑪ 아지노타타키(あじのたたき) 전갱이 다진 것
⑫ 카츠오노타타키(かつおのたたき) 가다랭이 다진 것
⑬ 모리아와세(盛り合わせ) 모듬
⑭ 카즈노코(かずのこ) 청어알
⑮ 후구사시(ふぐさし) 복회
⑯ 이쿠라(いくら) 연어알
⑰ 아와비(あわび) 전복
⑱ 우니(うに) 성게알

▲ 사시미테-쇼쿠(정식)

◀ 카츠오노타타키

6. 닭꼬치구이 やきとり

조류의 각 부위·양파·피망·버섯 등을 꼬치에 꽂아, 각종 양념한 간장 소스를 바르거나 소금을 뿌려 숯불에 굽는 요리. 술안주로 아주 좋다.

◀ 야키토리(닭꼬치구이)

▲ 야키토리집의 풍경

① 탕(タン) 혀
② 스나기모(砂ぎも) 닭모래집
③ 카와(皮) 닭껍질
④ 카시라(カシラ) 머리
⑤ 하츠(ハツ) 심장
⑥ 테바(手羽) 날개
⑦ 레바-(レバー) 간
⑧ 츠쿠네(つくね) 닭고기완자
⑨ 사사미(笹身) 닭가슴살

⑩ 네기(ねぎ) 파
⑪ 긴낭(銀杏) 은행
⑫ 시시토-(しし唐) 꽈리고추
⑬ 스즈메(すずめ) 참새
⑭ 아이가모(あいがも) 오리

야키토리를 요리하는 모습 ▶

7. 우동 うどん

일본의 국수는 크게 만드는 원료, 즉 메밀과 밀에 의해 소바와 우동으로 나뉜다. 그리고 만든 즉시 조리하는 생국수·보존용 건면이 있다. 우동은 두께가 4㎜ 정도로 우리나라의 국수보다 굵고, 메밀면은 보통 2㎜ 정도이다. 예로부터 주로 서민들에게 인기있던 면류는, 현대인들에게도 사랑받는 경식으로 발전되어 일본 어디에서나 전문점을 찾아볼 수 있다. 우동 국물은 말린 가다랭이 가루(카츠오부시)와 다시마·표고 등을 우려낸 물에 간장으로 간을 하고 튀긴 새우나 계란·유부, 근래에는 카레·쇠고기·산채 등을 각기 올려 그 종류를 달리한다. 보통 식사할 때 우동이나 메밀에 잘게 썬 파와 일본식 고춧가루(七味:7가지 양념을 섞어 놓은 것)로 양념한다. 메밀국수는 삶아 씻은 면이 채반에 나오고, 카스오부시를 우려낸 국물에 미림술·설탕·간장 등을 넣고 식혀 만든 소스에, 파·고추냉이(와사비)·간 무 등을 첨가하여 면을 담갔다 먹는 냉모밀과, 우동처럼 뜨거운 국물에 튀김·계란·유부 등과 함께 먹는 메밀국수도 인기가 있다.

① 타누키 소바/우동(たぬきそば/うどん)
  간장으로 간을 한 국물에 면을 넣고 템푸라 가루를 얹은 것

② 키츠네 우동(きつねうどん)
  간장으로 간을 한 국물에 면을 넣고 유부를 얹은 것

③ 카케 소바/우동(かけそば/うどん)
  간장으로 간을 한 국물에 면을 넣고 잘게 썬 파만 얹은 것

▲ 키츠네 우동

▼ 타누키 소바

④ 템푸라 소바/우동(天ぷらそば/うどん)
  간장으로 간을 한 국물에 면을 넣고 새우 튀김을 얹은 것

⑤ 츠키미 소바/우동(月見そば/うどん)
  간장으로 간을 한 국물에 면을 넣고 날계란을 띄워, 달을 연상하게 하는 우동

⑥ 치카라 우동(力うどん)
  간장으로 간을 한 국물에 면을 넣고 일본떡(찹쌀떡)을 얹은 것

7. 우동 うどん

⑦ 나베야키 우동 (鍋焼きうどん)
작은 냄비에 면을 넣고 새우 튀김·삶은 계란·표고버섯·생선묵·죽순·야채 등을 위에 올려 끓인 우동

⑧ 카모남방 (カモ南蛮)
간장간을 한 국물에 우동면을 넣고 닭고기를 얹은 것

⑨ 니쿠남방 (肉南蛮)
간장으로 간을 한 국물에 우동면을 넣고 돼지고기 등을 얹은 것

⑩ 카레-남방 (カレー南蛮)
카레로 맛을 낸 우동 국수

⑪ 모리 소바 (もりそば)
채반에 담긴 면을 간장 양념 국물 소스에 적셔 먹는 냉국수

▲ 냉사누키 우동

⑫ 자루 소바 (ざるそば)
채반에 담긴 면 위에 채썬 김을 뿌린 것을 간장 양념 국물 소스에 적셔 먹는 냉국수

⑬ 텐자루 (天ざる)
자루소바를 템푸라와 함께 먹을 경우

자루 소바 ▶

8. 돔부리모노 どんぶり物

▼ 카츠동

① 텐동(天どん)
새우 혹은 야채나 어패류 튀김을 밥 위에 얹어 간장간의 소스를 뿌려 먹는 요리

② 카츠동(かつどん)
돈까스를 썰어 밥 위에 얹고 간장간의 소스를 곁들여 먹는 요리

③ 오야코동(おやこどん)
간장간으로 조리한 닭고기에, 푼 계란을 얹어 익혀 밥 위에 올려 먹는 요리

④ 규-동(牛どん)
얇게 썬 쇠고기와 양파 등을 간장간으로 조리하여 밥 위에 얹어 먹는 덮밥류 요리

▲ 우나주-

⑤ 우나주- (うな重)
장어를 숯불로 굽거나 혹은 쪄서 밥 위에 얹고 간장간 소스를 부어 먹는 덮밥류 요리

9. 통카츠 とんかつ

1㎝ 정도의 두께로 썬 돼지고기에 밀가루·계란·빵가루를 입혀 식용유에 튀긴 요리

① 히레카츠 (ヒレカツ) 등심 부분
② 로-스카츠 (ロースカツ) 기름기 있는 부분
③ 쿠시카츠 (串カツ) 고기와 파로 된 꼬치

▲ 통카츠테-쇼쿠 (통카츠 정식)

10. 오뎅 おでん

섬나라 특유의 신선하고 풍부한 어류로 만든 일본의 독특한 요리. 가다랭이가루와 무, 다시마를 우려낸 국물에 각종의 맛과 색, 모양이 다른 오뎅과 곤약·계란·감자·야채 등을 넣고, 간장·미림술·소금·조미료 등으로 양념을 하여 장시간 끓인다. 전통요리로 인기가 있다.

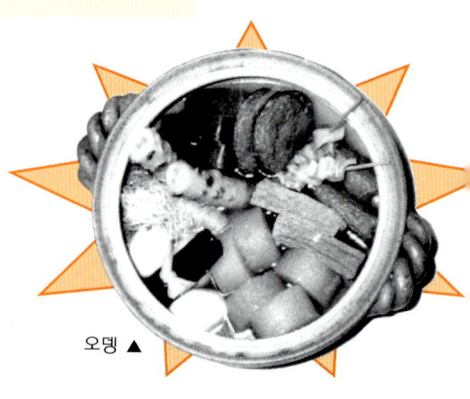

오뎅 ▲

◀ 오뎅의 재료

① 치쿠와 (竹輪)
생선살 꼬치요리
② 곤냐쿠 (こんにゃく)
곤약
③ 콤부 (昆布)
다시마
④ 자가이모 (ジャガイモ)
감자
⑤ 다이콩 (大根) 무
⑥ 유데타마고 (ゆで卵)
삶은 계란
⑦ 사츠마아게 (さつま揚げ)
어육 같은 것에 당근·우엉 등을 섞어 기름에 튀긴 것
⑧ 감모도키 (がんもどき)
두부 속에 다진 야채·다시마 등을 넣어 튀긴 유부의 일종
⑨ 아츠아게 (厚揚げ)
두껍게 썰어 지진 두부
⑩ 츠미레 (つみれ)
다진 생선을 동그랗게 만들어 삶은 것

오뎅나베 (냄비) ▼

11. 기타 메뉴

① 오차즈케(お茶漬け)
밥을 담은 그릇에 생선 맛국물이나 녹차물을 넣고, 김·구운 연어 간 것 등을 뿌린 것. 그릇에 입을 대고 젓가락으로 저어가며 먹는다.

◀ 오차즈케

② 차왕무시(茶碗蒸し)
계란 푼 것에 표고버섯·어묵·육류·은행 등을 넣어 그릇째 찐 것으로, 작은 숟가락을 사용한다.

차왕무시 ▶

③ 스이모노(吸い物)
식사 때 내는 맑은 장국

◀ 스이모노

④ 오니기리(おにぎり)
한국의 주먹밥과 같으며 명란젓(타라코), 매실장아찌(우메보시) 등을 속에 넣어 만든다.

▲ 오니기리

II. 기타 메뉴

⑤ 카마메시(釜めし)
두꺼운 솥에 양념한 육류·야채·버섯 등을 넣어 지은 밥으로, 토리(닭고기)·산사이(산채)·고모쿠(여러 가지가 섞인 것) 등의 종류가 유명하다. 한국의 돌솥밥과 비슷하며, 간장 양념으로 조리되어 있다.

카마메시 ▶

▲ 라-멩

⑥ 라-멩(ラーメン)
생라면은 원래 중국이 본산지이지만, 일본에서 독자적인 발전을 하여 일본 요리의 하나가 되었다고 볼 수 있다. 인스턴트라면, 컵라면 등을 개발한 일본엔 어디서든 생라면집을 찾을 수 있다. 생라면의 종류는 쇼-유(간장)·미소(된장)·시오(소금) 맛 등이 주류를 이룬다.

⑦ 미소시루(みそ汁)
일본식 된장국

⑧ 삼마노 시오야키
 (さんまの塩焼き)
소금을 뿌려 구운 꽁치

⑨ 로바타야키(炉端焼き)
일본 고유의 대중적 음식으로, 손님 앞에서 어패류·육류·버섯·채소류 등을 구워 내는 요리

로바타야키집의 풍경 ▶

はしがき

　まず『来日韓国人交際 韓国語を知らなくても韓国人と友達になる』の著者は「韓日青少年親善交流研究会」の学生たちであり、この教材は彼らが制作した、彼らを著者とする図書であります。

　私は『来日韓国人交際 韓国語を知らなくても韓国人と友達になる』の制作過程で指導と監修を担当させて頂きました。

　「日韓国民交流年」及びワールドカップの日韓共同開催を契機に、日韓の青少年間の交流が活性化するにつれ、両国の若者たちが共同で作業できる能力や感覚を函養するプログラムやプロジェクト等の開発が求められている実情であると思います。

　そして、本教材の制作及び作業は、次のような目的と意義を持って進められて来ました。

①日韓の大学生が共同作業を通して、日本人と韓国人の親善交流をサポートする言語的・文化的情報等を登載した作品を作り上げる。
②日韓の大学生が共同制作した『来日韓国人交際 韓国語を知らなくても韓国人と友達になる』の印税収益の50％を「ユニセフ韓国委員会」を通じ、韓国の恵まれない子供たちの奨学支援金として寄付する。
③『来日韓国人交際 韓国語を知らなくても韓国人と友達になる』の印税収益の50％を上記のようなボランティア活動を推進する日韓の学生たちの研究活動費及び国際教育費に充てる。

　以上のようなプログラムを通じて、日韓の大学生たちは実際に共同作業を経験・実践され、さらにはこのような日韓の若者たちが共に行うボランティア活動は、日韓の親善交流に、若干ではありますが、貢献することになるであろうと確信致します。

　これまで不平一つこぼすことなく、つらい作業に取り組み、良き作品を完成された彼らに心から盛大な拍手を送りたく思います。

　最後に学生たちにこのように大変に有意義なご機会・ご支援を与えて下さいました時事日本語社の嚴鎬烈社長、そして本書の制作にあたり、最後まで暖かなご声援を送って下さいました時事日本語社の皆様方に衷心より謝意を表したく思います。

2002年　4月
韓日青少年親善交流研究会　指導教授
夫　伯（ブー ベッ）

はじめに

　2002年ワールドカップの共同開催を契機として、あらゆる分野において日韓の交流が活発化しています。しかし、両国の持つ素顔は誤解や先入観等という仮面に隠されているようでもあり、あと一歩の歩み寄りがこれからの課題であるようにも思われます。

　『来日韓国人交際 韓国語を知らなくても韓国人と友達になる』は、その「あと一歩を少しでも埋められたら…」という思いで制作されました。

　本書は、韓国人とのコミュニケーションが可能となるように、韓国人と友達として付き合うために必要な韓国語の会話表現を厳選し、カタカナによる読み仮名を併記致しました。また、多彩なシチュエーションの設定と共に、付録として「韓国人と親しくなるためのマナー」や「数に関する表現」を設ける等、読者の皆様に少しでもお役に立てて頂けるような内容になればと、バラエティーに富んだ構成に工夫を凝らしました。

　本書に掲載されているすべての表現は、指導教授による専門的な指導と「韓日青少年親善交流研究会」の学生による実際の経験や数多くのディスカッションによって、生まれたものです。

　「韓日青少年親善交流研究会」は夫 伯(プー・ペク)教授を指導教授に、韓国私立大学である慶熙(キョンヒ)大学の学生、日本人留学生等、日韓の学生によって構成された研究会です。私たちはマスコミや政治家、学者ではなく「学生にしか出来ない、日韓の親善・友好に少しでもお役に立たせて頂ける、何かを作り上げたい」という信念を持って、活動して参りました。

　本書の制作過程において「韓日青少年親善交流研究会」のメンバーは「語学とは決して『壁』ではなく、『翼』である」ということに気づきました。目を閉じてみると、たくさんの「出会い」「笑い」「涙」等、数々のエピソードが走馬灯のように駆け巡ります。

　今、私たちは過去の延長線上である現在に生き、その先には未来が待っています。「過去」と「未来」のパラダイムの狭間で、日韓の掛け橋を結ぶ仕事は、両国の未来を担う学生・若者たちにも託されていると信じます。

　日韓の若者が日韓の親善を目指し、共に手を取り合い、自分にできる地道な努力の対象を見つけ、始めて行くべきであると確信致します。どうか、読者の皆様も共に手を取られ、一人でも多くの方々が日韓友好の橋梁となられて頂ければと思います…。

　読者の皆様が本書を片手に、素晴らしい出会い・心の触れ合いを経験され、日韓の民間レベルにおける親善交流の出発点を深く刻まれることを、衷心よりお祈り申し上げます。

　最後に、嚴鎬烈(オム・ホヨル)社長をはじめ、温かな激励と多大なるお力添えを賜りました時事日本語社の皆様方に、心より御礼申し上げます。

2002年　4月
韓日青少年親善交流研究会　学生一同

※本書に対するご意見やご感想など、お気軽にお寄せ下さい。
E-MAIL　c_yoomi@hotmail.com

韓国人と友達になる
必須表現 INDEX

第1部 基本会話

あいさつ
おはようございます。	p.22・1
こんにちは。	p.22・2
こんばんは。	p.22・3
おやすみなさい。	p.22・4
お久しぶりです。	p.22・5
お元気ですか。	p.22・6
はい、元気です。	p.22・7
いただきます。	p.22・8
ごちそうさまでした。	p.22・9
さようなら。	p.22・10

肯定・否定の表現
はい。	p.26・1
いいえ。	p.26・2
はい、わかりました。	p.26・3
いいえ、わかりません。	p.26・4
ええ、いいですよ。	p.26・5
いいえ、それはできません。	p.26・6
はい、そうしてください。	p.26・7
はい、おねがいします。	p.26・8
はい、だいじょうぶです。	p.26・9
いいえ、けっこうです。	p.26・10

よくわからない時
はい、何ですか。	p.30・1
すみません。よくわかりません。	p.30・2
もう一度おっしゃってください。	p.30・3
もう少しゆっくり話してください。	p.30・4
英語(日本語)で話していただけますか。	p.30・5
ここに、漢字(英語)で書いてください。	p.30・6
これ(それ・あれ)は何ですか。	p.30・7
これはどなたのですか。	p.30・8
その方(この方・あの方)はどなたですか。	p.30・9
何をしたいですか。	p.30・10

感謝と謝罪
ありがとう。	p.34・1
ありがとうございます。	p.34・2
本当にありがとうございます。	p.34・3
今日はありがとうございました。	p.34・4
いいえ、どういたしまして。	p.34・5
お役に立てて嬉しいです。	p.34・6
ごめんなさい。	p.34・7
すみません。	p.34・8
本当に申し訳ございません。	p.34・9
失礼致しました。	p.34・10

第2部 韓国人と話そう

話しかける
あのう。	p.40・1
すみません。	p.40・2
韓国の方ですか。	p.40・3
韓国語を勉強している学生なんですけど、韓国語で会話をしてみたいのですが。	p.40・4
お忙しくなければ、少しお話できますか。	p.40・5
日本へ旅行でいらっしゃったんですか。	p.40・6
日本は初めてですか。	p.40・7
韓国のどこからいらっしゃったんですか。	p.40・8
私が写真をお撮りしますよ。	p.40・9
何かお手伝いしましょうか。	p.40・10

自己紹介

はじめまして。	p.44・1
時間を作ってくださり、ありがとうございます。	p.44・2
私は鈴木ひろしと申します。	p.44・3
鈴木と呼んでください。	p.44・4
よろしくお願いします。	p.44・5
私の歳は23才です。	p.44・6
私は会社員です。	p.44・7
ホテルで働いています。	p.44・8
私の名刺です。	p.44・9
東京大学の一年生です。	p.44・10
専攻は経営学です。	p.46・11
私は今、韓国語を勉強しています。	p.46・12
韓国語は、6ヶ月勉強しました。	p.46・13
下手な韓国語ですが、理解してください。	p.46・14
失礼ですが、お名前は何ですか。	p.46・15
何とお呼びしたらよろしいですか。	p.46・16
お会いできて、本当に嬉しいです。	p.46・17
お知り合いになれて、嬉しいです。	p.46・18
韓国の方とお話できて、とても嬉しいです。	p.46・19
これから、親しいお友達になれたら嬉しいです。	p.46・20

天気・気候について話す時

今日は天気がいいですね。	p.50・1
本当にのどかな天気ですね。	p.50・2
今日は暖かいですね(涼しいですね)。	p.50・3
暑くて死にそうです。	p.50・4
とても寒いですね。	p.50・5
今日は雨が(雪が)降るそうですよ。	p.50・6
雨が(雪が)降りそうですね。	p.50・7
雨が(雪が)降り始めましたね。	p.50・8
すごい雨ですね。	p.50・9
私と一緒に傘を使いましょう。	p.50・10

第3部 韓国人と親しくなろう

ほめる時

本当にいい方ですね。	p.56・1
本当に親切ですね。	p.56・2
かっこいい。素敵ですね。	p.56・3
とてもお美しいですね。	p.56・4
その時計、いいですね。	p.56・5
その服、本当によく似合いますね。	p.56・6
本当に上手ですね。	p.56・7
日本語がお上手ですね。	p.56・8
歌がお上手ですね。	p.56・9
料理が本当にお上手ですね。	p.56・10

配慮する時

大丈夫ですか。	p.60・1
お疲れではないですか。	p.60・2
ここにお座りください。	p.60・3
ゆっくり休んでください。	p.60・4
私がお手伝いしますよ。	p.60・5
荷物を一緒にお持ちしますよ。	p.60・6
食べたい物はないですか。	p.60・7
お先にどうぞ。	p.60・8
遠慮せずに、もっとたくさんお召し上がりください。	p.60・9
財布(パスポート)をなくさないように、気をつけてください。	p.60・10

頼み事をする時

	p.64・1
少しお時間を作っていただけますか。	p.64・2
これちょっと手伝っていただけますか。	p.64・3
これちょっとお借りしてもよろしいですか。	p.64・4
写真を撮ってください。	p.64・5
ここに書いてください。	p.64・6

韓国人と友達になる必須表現 INDEX 5

彼女(彼氏)の写真を見せてください。 p.64・7
住所と、電話番号と、メールアドレスを
　教えてください。 p.64・8
お手紙くださいね。 p.64・9
必ず連絡してくださいね。 p.64・10

祝う時
おめでとう。 p.68・1
よかったですね。 p.68・2
本当におめでとうございます。 p.68・3
心からお祝い申し上げます。 p.68・4
お誕生日おめでとうございます。 p.68・5
ご結婚おめでとうございます。 p.68・6
合格おめでとうございます。 p.68・7
ご退院おめでとうございます。 p.68・8
私も嬉しいです。 p.68・9
日本へようこそいらっしゃいました。
 p.68・10

第4部 韓国人ともっと親しくなろう

名刺・連絡先を交換する時
私の名刺です。 p.74・1
私の住所と電話番号です。 p.74・2
これが、私のメールアドレスです。 p.74・3
すみませんが、住所と電話番号を教えて
　いただけますか。 p.74・4
メールアドレスを教えていただけますか。
 p.74・5
こちらにお願いします。 p.74・6
すみませんが、住所はローマ字(漢字)で
　お願いします。 p.74・7
私のメールは、韓国語も大丈夫です。 p.74・8
私のメールは、韓国語が読めないので、
　英語でお願いします。 p.74・9
日本語で送ってもよろしいですか。 p.74・10

学校や出身地・居住地について話す時
どちらの大学を出られたんですか。 p.78・1
どちらの大学に通っていらっしゃるんですか。
 p.78・2
専攻は何ですか。 p.78・3
何を勉強されてるんですか。 p.78・4
何年生ですか。 p.78・5
韓国のどちらに住んでいらっしゃるん
　ですか。 p.78・6
出身はどちらですか。 p.78・7
今はどちらにお住まいですか。 p.78・8
そちらに何年お住まいですか。 p.78・9
私は、大阪で生まれ育ちました。 p.78・10

家族について話す時
何人家族ですか。 p.82・1
私の家族はみんなで4人です。 p.82・2

何人兄弟ですか。	p.82・3	**職場について話す時**	
3人兄弟です。	p.82・4	どんな会社にお勤めですか。	p.92・1
お子さんはいらっしゃるんですか。	p.82・5	何のお仕事をされてるんですか。	p.92・2
娘と息子が一人ずついます。	p.82・6	私は銀行で働いています。	p.92・3
お父さんは、どんなお仕事をされてるんですか。	p.82・7	会社員ですか。	p.92・4
		お勤めになって何年ですか。	p.92・5
お父さん(お母さん)は、どんな方ですか。	p.82・8	良いお仕事をお持ちですね。	p.92・6
		私はまだ学生です。	p.92・7
父は厳しいですが、あたたかい人です。	p.82・9	今されているお仕事は、あなたに合っていますか。	p.92・8
母は優しい人です。	p.82・10	土曜日も出勤されるんですか。	p.92・9
兄は大学生です。	p.84・11	私は、自分の仕事に誇りを持って、	
姉は、もう結婚しています。	p.84・12	一生懸命取り組んでいます。	p.92・10
私は長男です(長女です)。	p.84・13		
私は末っ子です。	p.84・14	**異性との交際・結婚について話す時**	
弟(妹)が一人います。	p.84・15	恋人はいますか。	p.96・1
ご両親と一緒にお住まいですか。	p.84・16	付き合っていた人がいたんですけど、	
一人で暮らしています。	p.84・17	今はもう別れました。	p.96・2
ご家族の写真があれば、見せてください。	p.84・18	付き合ってどれくらいですか。	p.96・3
		合コンはよくされますか。	p.96・4
お母さんによく似ていますね。	p.84・19	どんなタイプの男性(女性)が好きですか。	p.96・5
とても仲が良さそうですね。	p.84・20		
		私は、かわいいタイプの人が好きです。	p.96・6
性格・将来の夢について話す時			
イさんは、自分がどんな性格だと		結婚はされていらっしゃるんですか。	p.96・7
思いますか。	p.88・1		
活発な性格のようですね。	p.88・2	私は独身主義者です。	p.96・8
私は、内気な性格です。	p.88・3	お見合い結婚ですか、恋愛結婚ですか。	p.96・9
明るい性格です。	p.88・4		
人と会って話すのが好きです。	p.88・5	いつ頃結婚したいですか。	p.96・10
将来の夢は何ですか。	p.88・6		
どんな仕事がしたいですか。	p.88・7	**趣味について話す時**	
幼い頃の夢は何でしたか。	p.88・8	パクさんの趣味は何ですか。	p.100・1
私は、芸能人になるのが夢です(夢でした)。	p.88・9	私の趣味は水泳です。	p.100・2
		音楽を聞くのが好きです。	p.100・3
韓国と関係のある仕事がしたいです。	p.88・10	映画やビデオを見るのがとても好きです。	p.100・4

韓国人と友達になる必須表現 INDEX

スポーツ、特にバスケットボールが
好きです。　　　　　　　　　p.100・5
特に趣味というものはありません。p.100・6
旅行はよくされますか。　　　p.100・7
週末は、どのようにすごされるんですか。
　　　　　　　　　　　　　　p.100・8
週末はたいてい、本を読んですごします。
　　　　　　　　　　　　　　p.100・9
私の趣味と同じですね。　　　p.100・10

2002年FIFAワールドカップについて話す時

私は、2002年のワールドカップが、
とても楽しみです。　　　　　p.104・1
日本では、東京、静岡、大阪など、
10ヶ所で試合が行われます。　p.104・2
この大会には、192もの国々が参加
するんですよ。　　　　　　　p.104・3
テレビで観戦する人は、なんと、のべ
410億人にもなるそうですよ。　p.104・4
日本では、中田や、小野といった選手の
活躍が期待されています。　　p.104・5
韓国と日本が、一緒に決勝戦に出られると
いいですね。　　　　　　　　p.104・6
ぜひ、一緒に試合を見に行きたいですね。
　　　　　　　　　　　　　　p.104・7
試合は見に行かれますか。　　p.104・8
一緒に、キャラクターグッズのお店を
見に行きませんか。　　　　　p.104・9
ワールドカップの時には、私が韓国に
行きたいです。　　　　　　　p.104・10

第5部　韓国人を招待しよう

食事に招待する時

今日、お時間ありますか。　　p.110・1
食事はされましたか。　　　　p.110・2
今日、一緒に食事をしませんか。　p.110・3
私に食事をごちそうさせてください。
　　　　　　　　　　　　　　p.110・4
どんな食べ物が好きですか。　p.110・5
一緒に焼き肉を食べに行きましょうか。
　　　　　　　　　　　　　　p.110・6
食事でもしながら、お話しませんか。p.110・7
それじゃあ、明日はいかがですか。p.110・8
いつなら大丈夫ですか。　　　p.110・9
残念ですね。それじゃあ、次の機会に、
ぜひ一緒に行きましょう。　　p.110・10

パーティーに招待する時

明日、私のバースデーパーティーに来て
いただけませんか。　　　　　p.114・1
今週の土曜日、私の友達の引越し祝いに、
一緒に行きませんか。　　　　p.114・2
来週の金曜日に、私の家でパーティーを
するので、ぜひ来てください。　p.114・3
友達も、イさんに会いたがって　います。
　　　　　　　　　　　　　　p.114・4
ぜひいらして、お祝いの席に花を添えて
ください。　　　　　　　　　p.114・5
彼氏(彼女)と一緒にいらしてください。
　　　　　　　　　　　　　　p.114・6
一緒にお酒を飲みながら、楽しく
話しましょう。　　　　　　　p.114・7
とても楽しいと思いますよ。　p.114・8
日本人の友達が、たくさんできると
思いますよ。　　　　　　　　p.114・9
みんな面白い友達ばかりですよ。p.114・10

家に招待する時

今週土曜日の夕方、お時間ありますか。
　　　　　　　　　　　　　　　　p.118・1
私の家に、ご招待したいのですが。p.118・2
日本の家庭を、一度見にいらっしゃい
　ませんか。　　　　　　　　　p.118・3
ぜひいらして、夕食でも召し上がって
　ください。　　　　　　　　　p.118・4
家で、ビールでも一杯いかがですか。p.118・5
家で、ゆっくり話しましょうよ。　p.118・6
ビデオでも一緒にご覧になりませんか。
　　　　　　　　　　　　　　　　p.118・7
家に、面白いゲームがあるんですけど、
　一緒にしませんか。　　　　　p.118・8
少し、私の家に寄っていきませんか。
　　　　　　　　　　　　　　　　p.118・9
私の家族も、イさんに会いたがって
　いるんですよ。　　　　　　　p.118・10
私の家族を紹介したいです。　　p.120・11
私の住んでいる所をお見せしたいです。
　　　　　　　　　　　　　　　　p.120・12
家族も、きっと喜ぶと思います。p.120・13
気をつかわずに、お気軽にいらっしゃって
　ください。　　　　　　　　　p.120・14
私が、腕によりをかけてごちそうします
　から。　　　　　　　　　　　p.120・15
それじゃあ、土曜日の午後5時に、
　新宿駅の東口に来てください。　p.120・16
駅まで迎えに行きますから、到着されたら
　電話してください。　　　　　p.120・17
もし道に迷われたら電話してください。
　　　　　　　　　　　　　　　　p.120・18
もしよければ、お泊りになっていって
　ください。　　　　　　　　　p.120・19
お待ちしていますね。　　　　　p.120・20

第6部 韓国人を歓迎しよう

訪問を歓迎する時

ようこそいらっしゃいました。　p.126・1
お待ちしていましたよ。　　　　p.126・2
心から歓迎します。　　　　　　p.126・3
来てくださって、ありがとうございます。
　　　　　　　　　　　　　　　　p.126・4
お疲れになったでしょう。　　　p.126・5
どうぞ、こちらへ。　　　　　　p.126・6
何もありませんが、ゆっくりしていって
　ください。　　　　　　　　　p.126・7
ここが私の部屋です。　　　　　p.126・8
ちらかっていますが、どうぞ。　p.126・9
イムさんが来てくださって、本当に
　嬉しいです。　　　　　　　　p.126・10

家族を紹介する時

こちらが私の父です。　　　　　p.130・1
父は会社員です。　　　　　　　p.130・2
弟は、高校3年生です。　　　　p.130・3
姉はすでに結婚して、違う所にすんで
　います。　　　　　　　　　　p.130・4
兄は今、札幌で一人暮しをしています。
　　　　　　　　　　　　　　　　p.130・5
父は今会社に行っていて、もうすぐ
　帰ってくると思います。　　　p.130・6
母は、今買い物に行っています。p.130・7
妹は、今学校に行っています。　p.130・8
この犬は、ポチといいます。　　p.130・9
この猫は、タマといいます。　　p.130・10
私達は、ここに5人で暮らしています。
　　　　　　　　　　　　　　　　p.132・11
母は、とても料理が上手なんですよ。
　　　　　　　　　　　　　　　　p.132・12

韓国人と友達になる必須表現 INDEX　9

姉は、私と違って、とてもおとなしい
　性格です。　　　　　　　　p.132・13
父の故郷は、徳島です。　　　p.132・14
私は、父と似てるでしょう。　p.132・15
父と私は、毎朝一緒にジョギングを
　しています。　　　　　　　p.132・16
週末には、家族みんなで食事をしに
　行きます。　　　　　　　　p.132・17
時々、ピクニックにも行きます。p.132・18
私の家族は、とても仲が良いんですよ。
　　　　　　　　　　　　　　p.132・19
私達は、いつもこうして、みんなで
　食事をします。　　　　　　p.132・20

リラックスさせてあげたい時

どうぞ、楽にしてください。　p.136・1
自分の家だと思って、くつろいでください。
　　　　　　　　　　　　　　p.136・2
荷物はこちらにどうぞ。　　　p.136・3
暑く(寒く)ないですか。　　　p.136・4
エアコン(扇風機・暖房)をつけましょうか。
　　　　　　　　　　　　　　p.136・5
テレビでもご覧になりますか。p.136・6
音楽でも聞きましょうか。　　p.136・7
お菓子でも食べましょうか。　p.136・8
灰皿、お使いになりますか。　p.136・9
トイレはこちらです。　　　　p.136・10

食事をもてなす時

食事の準備ができましたよ。　p.140・1
たいしたものはありませんが、たくさん
　どうぞ。　　　　　　　　　p.140・2
お口に合うかわかりませんが。p.140・3
もっと召し上がりますか。　　p.140・4
たくさん準備しましたから、どんどん
　召し上がってください。　　p.140・5

味は濃く(薄く)ないですか。　p.140・6
お口に合いますか。　　　　　p.140・7
これは、すき焼きという食べ物です。p.140・8
お腹はいっぱいになりましたか。p.140・9
コーヒー(紅茶・緑茶・コーラ・ジュース
　・果物)でもいかがですか。　p.140・10

お土産をもらった時

どうもありがとうございます。p.144・1
そんな、気を遣っていただかなくても
　いいのに。　　　　　　　　p.144・2
開けてみてもいいですか。　　p.144・3
わあ、素敵ですね。　　　　　p.144・4
大切にします。　　　　　　　p.144・5
私からも、贈り物があります。p.144・6
つまらないものですが、お受け取り
　ください。　　　　　　　　p.144・7
どうぞ、開けてみてください。p.144・8
私の心をこめた贈り物です。　p.144・9
すみません。私は何も準備できません
　でした。　　　　　　　　　p.144・10

見送る時

もう少しゆっくりしていってください。
　　　　　　　　　　　　　　p.148・1
楽しんでいただけたか分かりませんが。
　　　　　　　　　　　　　　p.148・2
楽しんでいただけましたか。　p.148・3
何もおかまいできなくて、すみません。
　　　　　　　　　　　　　　p.148・4
キムさんが来てくださって、私も本当に
　楽しかったです。　　　　　p.148・5
ぜひまたいらしてください。　p.148・6
お気軽に何度でもいらしてくださいね。
　　　　　　　　　　　　　　p.148・7
次にいらした時には、私の家族も紹介
　しますね。　　　　　　　　p.148・8

もし、行きたい所があれば、言ってくださいね。
　　　　　　　　　　　　　　　　p.148・9
駅までお送りしますよ。　　　　　p.148・10
駅(家・寮・ホテル)まで、車でお送り
　しますよ。　　　　　　　　　　p.150・11
外は寒いので、風邪をひかないように
　気をつけてください。　　　　　p.150・12
もし寒ければ、私のコートをお貸し
　ましょうか。　　　　　　　　　p.150・13
雨が降っていますから、この傘を使って
　ください。　　　　　　　　　　p.150・14
もし終電に間に合わなかったら、電話して
　ください。　　　　　　　　　　p.150・15
また連絡します。　　　　　　　　p.150・16
また明日お会いしましょう。　　　p.150・17
気をつけてお帰りください。　　　p.150・18
帰られたら、電話してください。　p.150・19
さようなら。　　　　　　　　　　p.150・20

第7部 韓国人のところに遊びに行こう

ホテルを訪れる時

明日、ホテルに伺ってもよろしいですか。
　　　　　　　　　　　　　　　　p.156・1
お疲れのところ、失礼になりませんか。
　　　　　　　　　　　　　　　　p.156・2
ホテルの名前(位置・電話番号・ルーム
ナンバー)を教えていただけますか。p.156・3
3時に、上野駅の4番出口まで、迎えに
　来ていただけませんか。　　　　p.156・4
お邪魔します。　　　　　　　　　p.156・5
良いお部屋ですね。　　　　　　　p.156・6
景色がとてもいいですね。　　　　p.156・7
私まで、旅行に来たような気分です。
　　　　　　　　　　　　　　　　p.156・8

何か不便な事はありませんか。　　p.156・9
いつまでここに滞在される予定ですか。
　　　　　　　　　　　　　　　　p.156・10

その他の宿所を訪れる時

今度、イさんのお宅にお邪魔しても
　よろしいですか。　　　　　　　p.160・1
今度、アパートに伺ってもよろしいですか。
　　　　　　　　　　　　　　　　p.160・2
イさんの寮は、私も中に入る事が
　できますか。　　　　　　　　　p.160・3
土曜日の夕方はいかがですか。　　p.160・4
前日に、もう一度お電話しますね。p.160・5
すてきなお部屋ですね。　　　　　p.160・6
トイレはどちらですか。　　　　　p.160・7
お休みの日に、お邪魔してすいません。
　　　　　　　　　　　　　　　　p.160・8
住み心地はいかがですか。　　　　p.160・9
これ、ちょっと見てもいいですか。
　　　　　　　　　　　　　　　　p.160・10

食事をごちそうになった時

いただきます。　　　　　　　　　p.164・1
おいしそうですね。　　　　　　　p.164・2
本当においしいです。　　　　　　p.164・3
もう少しいただいてもよろしいですか。
　　　　　　　　　　　　　　　　p.164・4
料理がお上手ですね。　　　　　　p.164・5
お水をいただけますか。　　　　　p.164・6
これは何という料理ですか。　　　p.164・7
ごちそうさまでした。　　　　　　p.164・8
後片付けを手伝わせてください。　p.164・9
次は私がごちそうしますね。　　　p.164・10

帰る時のあいさつの言葉

そろそろ失礼致します。　　　　　p.168・1

韓国人と友達になる必須表現 INDEX　11

残念ですが、そろそろ帰らなければ
　なりません。　　　　　　　　p.168・2
次は、私がご招待しますね。　　p.168・3
色々と、本当にありがとうございました。
　　　　　　　　　　　　　　　p.168・4
お食事までご馳走になってしまって
　恐縮です。　　　　　　　　　p.168・5
今日は、来させていただいて、本当に
　良かったです。　　　　　　　p.168・6
とても楽しかったです。　　　　p.168・7
お邪魔しました。　　　　　　　p.168・8
ご家族の皆様にも、どうかよろしく
　お伝えください。　　　　　　p.168・9
さようなら。　　　　　　　　　p.168・10

第8部 韓国人とお店で食事をしよう

お店で食事する時の基本会話表現

お腹は空いていませんか。　　　p.174・1
食事をしに行きましょうか。　　p.174・2
何か食べたい物はありますか。　p.174・3
日本料理の中で、召し上がった事がある
　物はありますか。　　　　　　p.174・4
このお店は、しゃぶしゃぶが有名です。
　　　　　　　　　　　　　　　p.174・5
何にされますか。　　　　　　　p.174・6
私は、この料理がおすすめです。p.174・7
これはお好み焼きです。　　　　p.174・8
どうぞお召し上がりください。　p.174・9
いただきます。　　　　　　　　p.174・10

食べ物の好みをたずねる時

どんな料理が好きですか。　　　p.178・1
何か苦手な食べ物はありますか。p.178・2
和食の中で、何が一番お好きですか。
　　　　　　　　　　　　　　　p.178・3
お肉は好きですか。　　　　　　p.178・4
甘いものはお好きですか。　　　p.178・5
お口に合いますか。　　　　　　p.178・6
この中では、どれがおいしいですか。
　　　　　　　　　　　　　　　p.178・7
さっぱりしたものがお好きなんですね。
　　　　　　　　　　　　　　　p.178・8
これはどうですか。　　　　　　p.178・9
お好みに合わせて、調味料を加えて
　ください。　　　　　　　　　p.178・10

味についてたずねる時

味はいかがですか。　　　　　　　p.182・1
脂っこく(うすく・濃く)ないですか。
　　　　　　　　　　　　　　　　p.182・2
これを入れてみてください。おいしい
　ですよ。　　　　　　　　　　　p.182・3
冷めないうちに、召し上がってください。
　　　　　　　　　　　　　　　　p.182・4
熱いので、気をつけて召し上がって
　ください。　　　　　　　　　　p.182・5
これにつけて召し上がってください。
　　　　　　　　　　　　　　　　p.182・6
これは、傷んでいるようなので、召し
　上がらないでください。　　　　p.182・7
これはとてもすっぱいですよ。　　p.182・8
独特な味でしょう。　　　　　　　p.182・9
本当においしいですね。　　　　　p.182・10

勘定を支払う時

私に出させてください。　　　　　p.186・1
これは、税金も含まれた値段です。p.186・2
割り勘でもいいですか。　　　　　p.186・3
全部で2,400円です。　　　　　　 p.186・4
韓国の物価に比べてどうですか。　p.186・5
一人1,200円です。　　　　　　　 p.186・6
小銭はありますか。　　　　　　　p.186・7
おつりの320円です。　　　　　　 p.186・8
レシートを確認してください。　　p.186・9
じゃあ、行きましょうか。　　　　p.186・10

第9部 韓国人と交通機関を使って出かけよう

バスを利用する時

運賃は250円です。　　　　　　　 p.192・1
運賃は、降りる時に払います。　　p.192・2
渋谷行きのバスに乗ります。　　　p.192・3
整理券をとってくださいね。　　　p.192・4
後の席に、一緒に座りましょう。　p.192・5
かなり揺れるので、気をつけてください。
　　　　　　　　　　　　　　　　p.192・6
韓国では、バスの運賃はいくらぐらい
　ですか。　　　　　　　　　　　p.192・7
もうすぐ降りますよ。　　　　　　p.192・8
バス代は、私が出しますよ。　　　p.192・9
お先に、ドアのところに行ってください。
　　　　　　　　　　　　　　　　p.192・10

タクシーを利用する時

少し遠いですから、タクシーで行き
　ましょうか。　　　　　　　　　p.196・1
私がタクシーをつかまえますよ。　p.196・2
なかなかつかまりませんね。　　　p.196・3
反対側から乗らないといけません。p.196・4
高いですが、タクシーが楽でしょう。
　　　　　　　　　　　　　　　　p.196・5
日本のタクシーは、車種や、会社によって、
　料金に少し違いがあります。　　p.196・6
日本のタクシーは、全て自動ドアです。
　　　　　　　　　　　　　　　　p.196・7
道がずいぶん混んでいますね。　　p.196・8
日本では、相乗りをする事はありません。
　　　　　　　　　　　　　　　　p.196・9
日本のタクシーは高いでしょう。　p.196・10

韓国人と友達になる必須表現 INDEX　13

電車を利用する時

切符を買いましょう。	p.200・1
原宿まで行くので、190円です。	p.200・2
混んでいますね。	p.200・3
出勤、退勤時間は、とても混雑します。	p.200・4
ここは、シルバーシートです。	p.200・5
1回乗り換えます。	p.200・6
次の駅で、(丸ノ内線に)乗り換えです。	p.200・7
だいたい、20分ぐらいでつきます。	p.200・8
私の家は、新大久保駅から近いんですよ。	p.200・9
次の駅で降りましょう。	p.200・10

第10部 韓国人とショッピングに行こう

ショッピングをする時の基本会話表現

ショッピングに行きましょうか。	p.206・1
特に何か買いたい物はありますか。	p.206・2
人が多いので、貴重品に注意してください。	p.206・3
気に入った物はありますか。	p.206・4
これはどうですか。	p.206・5
試着されてみますか。	p.206・6
よく似合いますね。	p.206・7
これを買われますか。	p.206・8
カードも使えますよ。	p.206・9
ここで少し休みましょうか。	p.206・10

デパートに行く時

ここは、三越デパートです。	p.210・1
今、バーゲン中なんですよ。	p.210・2
靴売り場は2階です。	p.210・3
特に見たいブランドなどはありますか。	p.210・4
服売り場に行ってみましょうか。	p.210・5
エレベーター(エスカレーター)に乗って行きましょう。	p.210・6
これは高い(安い)ですね。	p.210・7
このブランドは、韓国にもありますか。	p.210・8
韓国のデパートは、どんな感じですか。	p.210・9
これ、試食してみましょうか。	p.210・10

家電製品のお店に行く時

何を買いたいですか。	p.214・1
それなら3階ですね。	p.214・2
予算はどのくらいですか。	p.214・3
これなんかどうですか。	p.214・4
これはとても安いと思いますよ。	p.214・5
これにしますか。	p.214・6
色はこれでいいですか。	p.214・7
安くできるか、交渉してみますね。	p.214・8
4千円だそうですよ。どうしますか。	p.214・9
他に見たい物はありますか。	p.214・10

第11部 韓国人と遊びに行こう

喫茶店に行く時
ここに座りましょうか。　　　　　p.220・1
外の景色がよく見えますから、窓際に
座りましょうか。　　　　　　　　p.220・2
私は、よくここに来るんですよ。　p.220・3
ここは、セルフサービスのようですね
(禁煙のようですね)。　　　　　　p.220・4
何を注文されますか。　　　　　　p.220・5
簡単な食事もできますよ。　　　　p.220・6
これがおいしいと思いますよ。　　p.220・7
ここは雰囲気がいいですね。　　　p.220・8
韓国のコーヒーショップは、どんな
感じですか。　　　　　　　　　　p.220・9
コーヒーの香りがいいですね。　　p.220・10

映画館に行く時
どんな映画を見ましょうか。　　　p.224・1
ホラー映画は好きですか。　　　　p.224・2
あの映画、面白そうですね。　　　p.224・3
この映画を見ましょうか。　　　　p.224・4
私が、前売り券を買っておきますよ。
　　　　　　　　　　　　　　　　p.224・5
ここは、私に出させてください。　p.224・6
ポップコーンや、コーラはいかがですか。
　　　　　　　　　　　　　　　　p.224・7
ここに座りましょうか。　　　　　p.224・8
日本の俳優(映画)の中で、知っている人
(作品)はいますか(ありますか)。　p.224・9
退屈じゃなかったですか。　　　　p.224・10

居酒屋に行く時
お酒は好きですか。　　　　　　　p.228・1
今日は、とことんまで飲みましょう。
　　　　　　　　　　　　　　　　p.228・2

日本酒は、飲んだ事がありますか。
　　　　　　　　　　　　　　　　p.228・3
おつまみは、何にされますか。　　p.228・4
これは、日本の伝統酒です。　　　p.228・5
これは、サツマイモからつくった
芋焼酎です。　　　　　　　　　　p.228・6
どうぞ一杯お受けください。　　　p.228・7
乾杯しましょう。　　　　　　　　p.228・8
どうぞ、召し上がってみてください。
　　　　　　　　　　　　　　　　p.228・9
韓国の人達は、主にどんなお酒を飲むん
ですか。　　　　　　　　　　　　p.228・10

カラオケに行く時
一緒にカラオケに行きましょう。　p.232・1
お先にどうぞ。　　　　　　　　　p.232・2
どんな歌を歌われますか。　　　　p.232・3
韓国の歌が多いですね(少ないですね)。
　　　　　　　　　　　　　　　　p.232・4
一緒に歌いましょうよ。　　　　　p.232・5
十八番は何ですか。　　　　　　　p.232・6
歌がお上手ですね。　　　　　　　p.232・7
もう一曲歌ってください。　　　　p.232・8
この曲は、今一番はやっている歌です。
　　　　　　　　　　　　　　　　p.232・9
日本の歌で、知っている歌はありますか。
　　　　　　　　　　　　　　　　p.232・10

クラブ(ディスコ)に行く時
一緒に、踊りに行きましょう。　　p.236・1
クラブは好きですか。　　　　　　p.236・2
ここの雰囲気はどうですか。　　　p.236・3
日本では、こういうダンスがはやって
います。　　　　　　　　　　　　p.236・4
ダンスがとてもお上手ですね。　　p.236・5
韓国のクラブにも、一度行ってみたいです。
　　　　　　　　　　　　　　　　p.236・6

韓国人と友達になる必須表現 INDEX 15

あの人達と一緒に遊びましょうか。　p.236・7
楽しいですか。　p.236・8
ここは、私もよく遊びにくるんですよ。
　　　　　　　　　　　　　　　p.236・9
そろそろ帰りましょうか。時間も遅い
　事ですし。　　　　　　　　p.236・10

第12部 韓国人ともっと楽しく遊ぼう

遊園地に行く時

ここは日本で、一番人気がある遊園地の
　一つです。　　　　　　　　p.242・1
ここで、入場券(フリーパス)を買いましょうか。
　　　　　　　　　　　　　　　p.242・2
あの(この)乗り物に乗りますか。　p.242・3
お腹も空いたし、何か食べましょうか。
　　　　　　　　　　　　　　　p.242・4
喉も渇いたし、何か飲みましょうか。
　　　　　　　　　　　　　　　p.242・5
5時に、パレードがありますよ。
見てみましょうよ。　　　　　p.242・6
怖い乗り物は大丈夫ですか(怖くない
　ですか)。　　　　　　　　　p.242・7
人が多いですから、違うのに乗りましょう。
　　　　　　　　　　　　　　　p.242・8
一緒に写真を撮りましょうか。　p.242・9
ここのキャラクターグッズは、とても
　可愛いんですよ。見に行きませんか。
　　　　　　　　　　　　　　　p.242・10

野球の試合を観戦する時

野球は好きですか。　　　　　p.246・1
一緒に、プロ野球の試合を見に行きませんか。
　　　　　　　　　　　　　　　p.246・2
日本の野球の試合を見た事はありますか。
　　　　　　　　　　　　　　　p.246・3
好きなチームはありますか。　p.246・4
私は、中日ドラゴンズが好きです。p.246・5
日本のプロ野球には、セントラル・
　リーグと、パシフィック・リーグという、
　二つのリーグがあります。　p.246・6
全部で12チームあります。　p.246・7
ここに座りましょうか。　　　p.246・8
韓国の野球と比べてどうですか。p.246・9
彼は、私が一番好きな選手です。p.246・10

サッカーの試合を観戦する時

サッカーは好きですか。　　　p.250・1
一緒に、サッカーの試合を見に
　行きませんか。　　　　　　p.250・2
日本のサッカーの試合を見た事は
　ありますか。　　　　　　　p.250・3
日本のプロサッカーは、Jリーグと
　言います。　　　　　　　　p.250・4
韓国では、サッカーと野球では、どちらが
　人気があるんですか。　　　p.250・5
日本で知っている選手はいますか。p.250・6
良い試合ですね。　　　　　　p.250・7
私も、ホン・ミョンボとファン・ソン
　フォンは知っていますよ。　p.250・8
喉は渇いていませんか。　　　p.250・9
ワールドカップが楽しみですね。p.250・10

海・プールに行く時

海へ(プールへ)泳ぎに行きましょうか。
　　　　　　　　　　　　　　　p.254・1
今日は、晴れて良かったですね。p.254・2
怪我をしないように、足元に注意して
　ください。　　　　　　　　p.254・3
ボートに乗りましょうか。　　p.254・4
浮き輪を借りておきましょう。　p.254・5
入る前に、準備体操をしておきましょう。
　　　　　　　　　　　　　　　p.254・6

危ないので、あまり深い所には
行かないでください。　　　　p.254・7
あそこまで、競争しましょうか。　p.254・8
ウォータースライダーに乗りましょう。
　　　　　　　　　　　　　　　p.254・9
そろそろ上がりましょうか。　　p.254・10

山に行く時

ここは、富士山という山です。　p.258・1
頂上の高さは、3,776 メートルです。
　　　　　　　　　　　　　　　p.258・2
日本で、最も美しい山の一つです。p.258・3
空気がとてもおいしいですね。　p.258・4
足元に気をつけてください。　　p.258・5
これは、イチョウという木です。韓国語
では、何と言うのですか。　　　p.258・6
頂上までもう一息ですよ。頑張りましょう。
　　　　　　　　　　　　　　　p.258・7
少し休んで行きましょうか。　　p.258・8
頂上は、まるで別世界のようですね。
　　　　　　　　　　　　　　　p.258・9
そろそろ下りましょうか。　　　p.258・10

第13部 韓国人を見送ろう

記念撮影をする時

一緒に写真を撮りましょう。　　p.264・1
韓国では、写真を撮る時に、何て
言うんですか。　　　　　　　　p.264・2
私達は、「ハイ、チーズ」と言って撮る
んですよ。　　　　　　　　　　p.264・3
ここで撮りましょうか。　　　　p.264・4
にっこり笑ってください。　　　p.264・5
ポーズをとってください。　　　p.264・6
きれいに撮ってくださいね。　　p.264・7
緊張しないでください。　　　　p.264・8
いち、に、さん。　　　　　　　p.264・9
写真は、あとで送りますね。　　p.264・10

贈り物を渡す時

ささやかな贈り物を準備しました。p.268・1
つまらない物ですが、お受け取り
ください。　　　　　　　　　　p.268・2
どうぞ、お気軽に受け取ってください。
　　　　　　　　　　　　　　　p.268・3
せめてもの、私の気持ちです。　p.268・4
飛行機の中で、開けてみてください。
　　　　　　　　　　　　　　　p.268・5
私の手作りなんですよ。　　　　p.268・6
気に入っていただけるといいのですが。
　　　　　　　　　　　　　　　p.268・7
気に入っていただけましたか。　p.268・8
これを見て、私を思い出してください。
　　　　　　　　　　　　　　　p.268・9
大切にしてくださいね。　　　　p.268・10

(空港等で)見送る時

荷物をお持ちしますよ。　　　　p.272・1
忘れ物がないか、確認してみてください。
　　　　　　　　　　　　　　　p.272・2

韓国人と友達になる必須表現 INDEX　17

何時の飛行機ですか。	p.272・3
手続きは済まされましたか。	p.272・4
両替はされましたか。	p.272・5
飛行機の出発が、遅れるそうですよ。	p.272・6
もう時間ですね。	p.272・7
今日まで、本当に楽しかったです。	p.272・8
必ず、また日本にいらしてくださいね。	p.272・9
良い思い出として、大切にします。	p.272・10
お別れするのが、とても名残り惜しいです。	p.274・11
帰られてからも、必ず連絡してくださいね。	p.274・12
お会いできて、本当に良かったです。	p.274・13
また日本に来られたら、連絡してくださいね。	p.274・14
手紙か、メールを送りますね。	p.274・15
次は、私が韓国に行きますね。	p.274・16
この出会いを、私はずっと忘れません。	p.274・17
どうか、お元気でいらしてください。	p.274・18
またお会いできる日を、楽しみにしています。	p.274・19
さようなら。	p.274・20

韓国人を見送ろう

第1部

基本会話

- あいさつ
- 肯定・否定の表現
- よくわからない時
- 感謝と謝罪

あいさつ

こんにちは。

안녕하세요.

アンニョン ハセヨ

単語

あいさつ	인사 (インサ)	明日	내일 (ネイル)
朝	아침 (アッチム)	あさって	모레 (モレ)
昼	점심 (チョムシム)	昨日	어제 (オヂェ)
夜	밤 (パム)	おととい	그저께 (クヂョッケ)
今日	오늘 (オヌル)		

アドバイス

さあ、いよいよ出会いの始まりです。まずは最も基本的なあいさつの言葉を紹介します。

日本語では、朝、昼、夜と、三種類のあいさつを区別して使いますが、韓国語では基本的に「アンニョンハセヨ」という言葉を、一日通して使用します。これは直訳をすると、「安寧ですか」、つまり平たく言えば「お元気ですか」に似た意味と言えるでしょうか。

また、更に丁寧な言い方をする場合には、「アンニョンハシンミカ」、逆に「やあ」といった、くだけた表現は、「アンニョン」と言います。

あいさつ

1. おはようございます。
2. こんにちは。
3. こんばんは。
4. おやすみなさい。
5. お久しぶりです。
6. お元気ですか。
7. はい、元気です。
8. いただきます。
9. ごちそうさまでした。
10. さようなら。

인사말

あいさつ

1. 안녕하세요.(아침)
   アンニョン ハセヨ

2. 안녕하세요.(점심)
   アンニョン ハセヨ

3. 안녕하세요.(저녁)
   アンニョン ハセヨ

4. 안녕히 주무세요.
   アンニョンヒ チュムセヨ

5. 오랜만이에요.
   オレンマニエヨ

6. 잘 지내세요?
   チャル チネセヨ

7. 네, 잘 지내요.
   ネ チャル チネヨ

8. 잘 먹겠습니다.
   チャル モッケッスンミダ

9. 잘 먹었습니다.
   チャル モゴッスンミダ

10. 안녕히 계세요(안녕히 가세요).
    アンニョンヒ ゲセヨ(アンニョンヒガセヨ)

肯定・否定の表現

いいですよ。

괜찮습니다.

ケンチャン　スンミダ

単語

はい	네 (ネェ)	知らない	모르다 (モルダ)
いいえ	아니요 (アニヨ)	いる	필요하다 (ピリョハダ)
いい	좋다 (チョッタ)	いらない	필요 없다 (ピリョオプタ)
良くない	좋지 않다 (チョッチ アンタ)	できる	할 수 있다 (ハルス イッタ)
だめ	안 된다 (アンデンダ)	できない	할 수 없다 (ハルス オプダ)
悪い	나쁘다 (ナップダ)	好き	좋아하다 (チョアハダ)
わかる	알다 (アルダ)	嫌い	싫어하다 (シロハダ)
わからない	모르다 (モルダ)	大丈夫	괜찮다 (ケンチャンタ)
知っている	알고 있다 (アルゴ イッタ)		

アドバイス

日本では、「和」を重んじる風土が根付いているせいか、はっきりとした意思表示、特に断ったり、否定する事を苦手とする人が多いようです。従って、日本人の学生同士でディベートやディスカッションをしても、いまいち活発な議論にならないことが、しばしばあります。

それに対し、韓国の人々は、一般的にはっきりとモノを言う人が多いようです。これはあくまで文化の違いとも言えますが、日本人にとっての、いわゆる「奥ゆかしさ」が、時に「本音がわからない」と思わせてしまう事もあるようです。

この事を認識した上で、「自分はどう思うのか」という事をしっかりと言えるように心がけたほうが良いでしょう。

肯定・否定の表現

肯定・否定の表現

1 はい。

2 いいえ。

3 はい、わかりました。

4 いいえ、わかりません。

5 ええ(↘)、いいですよ(↑)。

6 いいえ、それはできません。

7 はい、そうしてください。

8 はい、おねがいします。

9 はい、だいじょうぶです。

10 いいえ、けっこうです。

긍정·부정의 표현

肯定・否定の表現

1. 네.
   ネエ

2. 아니요.
   アニヨ

3. 네, 알겠습니다.
   ネエ アルゲッスンミダ

4. 아니요, 모르겠어요.
   アニヨ モルゲッソヨ

5. 네, 좋아요.
   ネエ チョアヨ

6. 아니요, 그건 안돼요.
   アニヨ クゴン アンデヨ

7. 네, 그렇게 해 주세요.
   ネエ クロッケ ヘチュセヨ

8. 네, 부탁합니다.
   ネエ プタッカンミダ

9. 네, 괜찮아요.
   ネエ ケンチャナヨ

10. 아니요, 괜찮습니다.
    アニヨ ケンチャンスンミダ

よくわからない時

もう少しゆっくり話してくださいませんか。

좀 더 천천히 말씀해 주시지 않겠어요?

チョム ド チョンチョニ マルスム ヘヂュシヂ アンケッソヨ

単語

もう一度	다시 한 번 タシ ハンボン	これ	이것 イゴッ	どこ	어디 オディ
もう少し	좀 더 チョム ド	それ	그것 クゴッ	何	무엇 ムオッ
もっと	더 ト	あれ	저것 チョゴッ	どうして	왜 ウェ
ゆっくり	천천히 チョンチョニ	どれ	어느 것 オヌゴッ	いつ	언제 オンチェ
大きな声で	큰 소리로 クン ソリロ	ここ	여기 ヨギ	いくつ	몇 개 ミョッケ
漢字	한자 ハンチャ	そこ	거기 コギ	いくら	얼마 オルマ
ローマ字	로마자 ロマチャ	あそこ	저기 チョギ		

アドバイス

よくわからない時

普段から韓国語の学習に取り組んでいる場合ならともかく、韓国語に限らず、外国語がまったく分からない人にとっては、「外国語」というと、まず「分からない」という先入観、あるいはプレッシャーが先立ってしまうのではないでしょうか。

そこで、本書を活用しながら、少しでもお互いの意思の疎通がスムーズに進むように、知っておいた方が良い事があります。まず、最初に述べた「分からない」という先入観を捨てて、「分かろう」「伝えよう」という風に、前向きな発想への転換が必要でしょう。

その上で、幸いにも韓国は、日本と同じ「漢字文化圏」ですので、ほとんどの場合はハングル文字を使うとは言え、簡単な言葉であれば、漢字を見せると通じる場合もあります。

特に年輩の方はよくご存知な方々が多いようです。ですから、どうしても通じない場合は、メモ用紙に漢字か英語で書くか、それでもだめなら辞書を引きながら話をしてみましょう。何より、「話そう」とするその心が、きっと相手に伝わるはずです。

よくわからない時

1　はい(↗)、何ですか(↗)。

2　すみません。よくわかりません。

3　もう一度おっしゃってください。

4　もう少しゆっくり話してください。

5　英語(日本語)で話していただけますか。

6　ここに、漢字(英語)で書いてください。

7　これ(それ・あれ)は何ですか。

8　これはどなたのですか。

9　その方(この方・あの方)はどなたですか。

10　何をしたいですか。

잘 모를 때

よくわからない時

1. 네? 뭐라고 하셨어요?
   ネェ ムオラゴ ハショッソヨ

2. 미안합니다. 잘 모르겠어요.
   ミアナンミダ チャル モルゲッソヨ

3. 다시 한 번 말씀해 주세요.
   タシ ハンボン マルスム ヘヂュセヨ

4. 좀 더 천천히 말씀해 주세요.
   チョム ド チョンチョニ マルスム ヘヂュセヨ

5. 영어(일본어)로 말씀해 주시겠어요?
   ヨンオ(イルボノ)ロ マルスム ヘヂュシ ゲッソヨ

6. 여기에 한자(영어)로 적어 주세요.
   ヨギエ ハンチャ(ヨンオ)ロ チョゴ ヂュセヨ

7. 이게(그게・저게) 뭐예요?
   イゲ(クゲ・チョゲ)ムオエヨ

8. 이건 어느 분 거예요?
   イゴン オヌブン コエヨ

9. 그분은(이분은・저분은) 누구세요?
   ク ブヌン(イ ブヌン・チョ ブヌン) ヌグセヨ

10. 뭘 하고 싶으세요?
    ムオル ハゴ シプセヨ

第1部 基本会話 31

感謝と謝罪

ありがとうございます。

감사합니다.

カムサ　ハンミダ

単語

感謝	감사 (カムサ)		申し訳ない	죄송하다 (チェソン ハダ)
謝罪	사과 (サグァ)		本当に	정말 (チョンマル)
失礼	실례 (シルレ)		深く	깊게 (キプケ)
嬉しい	기쁘다 (キップダ)		心から	진심으로 (チンシムロ)
ありがたい	고맙다 (コマプタ)			

アドバイス

多くの外国人が、日本人の姿を見て驚く事の一つ、それが「すみません」という、謝る時に使用する言葉を、あらゆる場面で、とても頻繁に使うという事です。確かに、お店で注文をする時も、何かものを尋ねる時も、よく考えてみると、ともかく「すみません」を多用しているようです。韓国語で「すみません」を直訳すると「チェソンハンミダ」になりますが、これを日本語と同じ感覚で使うと、少し違和感があります。

基本的に、韓国の人々は、よほど自分が悪いと思わないかぎり、この「チェソンハンミダ」という言葉は使いません。そして、人に何か尋ねる時などは「チョギヨ(あのう)」と言い、お店で注文する時には「ヨギヨ(直訳：ここです)」という言い方をします。

感謝と謝罪

1 ありがとう。

2 ありがとうございます。

3 本当にありがとうございます。

4 今日はありがとうございました。

5 いいえ、どういたしまして。

6 お役に立てて嬉しいです。

7 ごめんなさい。

8 すみません。

9 本当に申し訳ございません。

10 失礼致しました。

감사와 사과

感謝と謝罪

1. 고마워요.
   コマウォヨ

2. 감사합니다.
   カムサ ハンミダ

3. 정말 감사합니다.
   チョンマル カムサ ハンミダ

4. 오늘 감사했습니다.
   オヌル カムサ ヘッスンミダ

5. 아니에요, 천만에요.
   アニエヨ チョンマネヨ

6. 도움이 되어서 기뻐요.
   トウミ テオソ キッポヨ

7. 미안해요.
   ミアネヨ

8. 미안합니다.
   ミアナンミダ

9. 정말 죄송합니다.
   チョンマル チェソン ハンミダ

10. 실례했습니다.
    シルレ ヘッスンミダ

第2部

韓国人と話そう

話しかける

自己紹介

天気・気候について話す時

話しかける

あのう。

저기요.

チョギヨ

単語

日本	일본 (イルボン)		会話	회화 (フェファ)
韓国	한국 (ハングック)		旅行	여행 (ヨヘン)
日本人	일본인 (イルボニン)		写真	사진 (サヂン)
韓国人	한국인 (ハングギン)		学生	학생 (ハクセン)
日本語	일본어 (イルボノ)		社会人	사회인 (サフェイン)
韓国語	한국어 (ハングゴ)		主婦	주부 (チュブ)
勉強	공부 (コンブ)			

話しかける

アドバイス

　最近の日本、特に大都市では、他人に対して警戒する風潮が強まってきているようです。

　殺伐とした事件が多発し、「安全神話」が過去のものとなってしまった事を考えれば、無理もない事かもしれませんが、時々、韓国人の留学生や旅行者が、道を尋ねようとして日本人に話しかけたら無視された、といった話を耳にして、申し訳ないやら、悲しい気持ちになる事があります。もし、自分自身が言葉もあまりわからない外国で迷子になってしまったら、どれほど不安になる事でしょうか。できれば、もしも何か困っている様子の韓国人がいたら、本書の表現を使って、話しかけてみてください。それが、素晴らしい出会いへとつながっていくかもしれません。

話しかける

1. あのう。

2. すみません。

3. 韓国の方ですか。

4. 韓国語を勉強している学生なんですけど、韓国語で会話をしてみたいのですが。

5. お忙しくなければ、少しお話できますか。

6. 日本へ旅行でいらっしゃったんですか。

7. 日本は初めてですか。

8. 韓国のどこからいらっしゃったんですか。

9. 私が写真をお撮りしますよ。

10. 何かお手伝いしましょうか。

말걸기

1 저기요.
チョギヨ

2 실례합니다.
シルレ ハンミダ

3 한국 분이세요?
ハングック プニセヨ

4 한국어를 공부하는 학생인데요,
ハングゴルル コンブハヌン ハクセンインデヨ
한국어로 대화해 보고 싶습니다만.
ハングゴロ テファヘ ボゴ シプスンミダマン

5 바쁘지 않으시다면 잠시 대화할 수 있을까요?
パップヂ アヌシダ ミョン チャムシ テファ ハルス イッスルカヨ

6 일본에 여행 오셨어요?
イルボネ ヨヘン オショッソヨ

7 일본은 처음이세요?
イルボヌン チョウミセヨ

8 한국의 어디서 오셨어요?
ハングゲ オディソ オショッソヨ

9 제가 사진 찍어 드릴게요.
チェガ サヂン チゴ ドゥリルケヨ

10 뭔가 도와 드릴까요?
ムォンガ トワ ドゥリルカヨ

第2部 韓国人と話そう 41

自己紹介

初めまして、鈴木と申します。

처음 뵙겠습니다.
스즈키라고 합니다.

チョウム　ペッケッ　スンミダ　スズキ　ラゴ　ハンミダ

見やすく
してみました。

どうやって
もって帰ろう…

単語

自己紹介	자기소개 (チャギソゲ)	大学生	대학생 (テハクセン)	看護婦(士)	간호사 (カノサ)
私	저 (チョ)	大学院生	대학원생 (テハグォンセン)	医者	의사 (ウィサ)
名前	이름 (イルム)	専攻	전공 (チョンゴン)	警察官	경찰관 (キョンチャルグァン)
あだ名	별명 (ピョルミョン)	職業	직업 (チゴップ)	美容師	미용사 (ミヨンサ)
小学生	초등학생 (チョドゥンハクセン)	会社員	회사원 (フェサウォン)	フリーター	후리타 (フリタァ)
中学生	중학생 (チュンハクセン)	公務員	공무원 (コンムウォン)		
高校生	고등학생 (コドゥンハクセン)	教師	교사 (キョサ)		

自己紹介

アドバイス

　自分を知ってもらい、相手を知る事、それが「友情」の一側面であるとは言えないでしょうか。最近は、日本語の学習に挑戦する韓国の若者も大勢いますから、日本語で自己紹介する時の言葉を知っている韓国人も多くいるようです。お互いが、相手の国の言葉で自己紹介してみるのも、楽しいかもしれませんね。

　しかし、外国の人の名前は、発音にも馴染みがないため、覚えにくい事が多く、また韓国では、例えば「村上さん」「〇〇さん」というように、名字で呼び合う習慣があまりありません。そこで、まずは紙に漢字で名前を書いてもらい、そして本章にある「何と呼んだらいいですか」という表現を使って、名前で呼び合えるようにする事をおすすめします。

第2部 韓国人と話そう

自己紹介 ①

1. はじめまして。
2. 時間を作ってくださり、ありがとうございます。
3. 私は鈴木ひろしと申します。
4. 鈴木と呼んでください。
5. よろしくお願いします。
6. 私の歳は23才です。
7. 私は会社員です。
8. ホテルで働いています。
9. 私の名刺です。
10. 東京大学の一年生です。

자기 소개 ①

自己紹介 ①

1. 처음 뵙겠습니다.
   チョウム ペッケッ スンミダ

2. 시간 내 주셔서 감사합니다.
   シガン ネヂュショソ カムサ ハンミダ

3. 저는 스즈키 히로시라고 합니다.
   チョヌン スズキ ヒロシ ラゴ ハンミダ

4. 스즈키라고 불러 주세요.
   スズキラゴ プルロ ヂュセヨ

5. 잘 부탁 드려요.
   チャル プタク トゥリョヨ

6. 제 나이는 23 살입니다.
   チェ ナイヌン スムル セェ サリンミダ

7. 저는 회사원입니다.
   チョヌン フェサウォン インミダ

8. 호텔에서 일하고 있습니다.
   ホテレソ イルハゴ イッスンミダ

9. 제 명함입니다.
   チェ ミョンハミンミダ

10. 도쿄대학 1학년입니다.
    トウキョウデハク イルハンニョン インミダ

自己紹介 ②

11　専攻は経営学です。

12　私は今、韓国語を勉強しています。

13　韓国語は、6ヶ月勉強しました。

14　下手な韓国語ですが、理解してください。

15　失礼ですが、お名前は何ですか。

16　何とお呼びしたらよろしいですか。

17　お会いできて、本当に嬉しいです。

18　お知り合いになれて、嬉しいです。

19　韓国の方とお話できて、とても嬉しいです。

20　これから、親しいお友達になれたら嬉しいです。

자기 소개 ②

自己紹介 ②

11 전공은 경제학입니다.
チョンゴン ウン キョンヂェハク インミダ

12 저는 지금 한국어를 공부하고 있습니다.
チョヌン チグム ハングゴ ルル コンブハゴ イッスンミダ

13 한국어는 6개월 공부했습니다.
ハングゴ ヌン ユッ ケウォル コンブ ヘッスンミダ

14 서투른 한국어지만 이해해 주세요.
ソトゥルン ハングゴ ジマン イヘ ヘヂュセヨ

15 실례합니다만, 성함이 어떻게 되세요?
シルレ ハンミダマン ソンハミ オットッケ デセヨ

16 어떻게 부르면 좋을까요?
オットッケ ブルミョン チョウルカヨ

17 만나 뵙게 되어서 정말 기뻐요.
マンナ ペッケ デオソ チョンマル キッポヨ

18 서로 알게 되어서 기쁩니다.
ソロ アルゲ デオソ キップンミダ

19 한국분과 이야기할 수 있게 되어서 정말 기뻐요.
ハングック ブンクァ イヤギ ハルス イッケ デオソ チョンマル キッポヨ

20 앞으로 친한 친구가 되었으면 좋겠어요.
アプロ チナン チングガ デオッスミョン チョッケッソヨ

第2部 韓国人と話そう 47

天気・気候について話す時

いい天気ですね。

날씨가 좋네요.

ナルシガ　チョンネヨ

片想いも
いいもんだね。

単語

天気	날씨 ナルシ	曇り	흐림 フリム	暖かい	따뜻하다 タットゥッタダ
気候	기후 キフ	太陽	태양 テヤン	暑い	덥다 トプタ
季節	계절 ケェヂョル	月	달 タル	涼しい	시원하다 シウォナダ
春	봄 ポム	星	별 ピョル	寒い	춥다 チュプタ
夏	여름 ヨルム	雲	구름 クルム	風	바람 パラム
秋	가을 カウル	雨	비 ピ	台風	태풍 テプン
冬	겨울 キョウル	雪	눈 ヌン	傘	우산 ウサン
晴れ	맑음 マルグム	雷	벼락 ピョラク		

天気・気候について話す時

アドバイス

韓国は、日本と同様に四季がはっきりしていて、中でも秋はとても美しく、また春の済州島の桜並木は、息をのむ程きれいであるといいます。

さて、まだお互いの事をよく知らない中で、何か話のきっかけとなるような、お互いが共有できる話題は何でしょうか。その最も身近なものの一つが、「いい天気ですね」「暑いですね」等の、天気・気候についての話題ではないでしょうか。

一緒に、日本の四季を楽しみ、韓国の「三寒四温」と言われる気候に想像の翼を広げながら、素敵な対話のひとときを過ごしてみてください。

天気・気候について話す時

1 今日は天気がいいですね。

2 本当にのどかな天気ですね。

3 今日は暖かいですね(涼しいですね)。

4 暑くて死にそうです。

5 とても寒いですね。

6 今日は雨が(雪が)降るそうですよ。

7 雨が(雪が)降りそうですね。

8 雨が(雪が)降り始めましたね。

9 すごい雨ですね。

10 私と一緒に傘を使いましょう。

날씨·기후에 대해 이야기할 때

天気・気候について話す時

1. 오늘은 날씨가 좋네요.
   オヌルン ナルシガ チョンネヨ

2. 참 화창한 날씨예요.
   チャム ファチャンハン ナルシエヨ

3. 오늘은 따뜻하네요(시원하네요).
   オヌルン タットゥッタネヨ(シウオナネヨ)

4. 더워서 죽을 것 같아요.
   トウォソ チュグルコッ カッタヨ

5. 굉장히 춥네요.
   ケンヂャンイ チュムネヨ

6. 오늘은 비가(눈이) 온다고 해요.
   オヌルン ピガ(ヌニ) オンダゴ ヘヨ

7. 비가(눈이) 올 것 같아요.
   ピガ(ヌニ) オルコッ カッタヨ

8. 비가(눈이) 오기 시작하네요.
   ピガ(ヌニ) オギ シジャッカネヨ

9. 비가 많이 오네요.
   ピガ マニ オネヨ

10. 저랑 같이 우산 쓰시죠.
    チョラン カッチ ウサン スシヂョ

第2部 韓国人と話そう 51

第3部

韓国人と親しくなろう

- ほめる時
- 配慮する時
- 頼み事をする時
- 祝う時

ほめる時

とても素敵な髪型ですね。

정말 멋있는 헤어스타일이네요.

チョンマル　モシンヌン　ヘオ　スタイリネヨ

単語

格好いい	멋있다 (モシッタ)	上手だ	잘 하다 (チャラダ)	時計	시계 (シゲェ)
かわいい	귀엽다 (クィヨプタ)	似合う	어울리다 (オウルリダ)	指輪	반지 (パンヂ)
素敵	멋지다 (モッチダ)	すごい	대단하다 (テダナダ)	ネックレス	목걸이 (モッコリ)
美しい	아름답다 (アルムダプタ)	すばらしい	훌륭하다 (フルリュンハダ)	ブレスレット	팔찌 (パルチ)
美人	미인 (ミイン)	髪型	헤어스타일 (ヘオ スタイル)	歌	노래 (ノレ)
二枚目	미남 (ミナム)	パーマ	파마 (パマ)	踊り	춤 (チュム)
やさしい	상냥하다 (サンニャンハダ)	服	옷 (オッ)	料理	요리 (ヨリ)
親切だ	친절하다 (チンヂョラダ)	服装	복장 (ポクチャン)	英語	영어 (ヨンオ)

ほめる時

アドバイス

「人を見抜く力とは、その人の長所を見抜く力である」という、ある教育者の言葉があります。ともすると、人は他人の短所にばかり目がいく事がありますが、それはとても寂しい事ではないでしょうか。

「おだてる」というのではなく、ささいな事でも、真心からほめられた時、誰でも喜びを覚え、その人の心の温かみを感じるものです。

「君が愁(うれ)いに我は泣き、我が喜びに君は舞う」との言葉があるように、相手の悩みを自分の悩みとし、喜びも我が喜びとして、心を開き、お互いを尊重し、たたえ合う、そのような素晴らしき友情が、あなたの足元に生まれた時、「日韓友好」は、確かな一歩を印しているはずです。

第3部 韓国人と親しくなろう 55

ほめる時

1 本当にいい方ですね。

2 本当に親切ですね。

3 かっこいい。素敵ですね。

4 とてもお美しいですね。

5 その時計、いいですね。

6 その服、本当によく似合いますね。

7 本当に上手ですね。

8 日本語がお上手ですね。

9 歌がお上手ですね。

10 料理が本当にお上手ですね。

칭찬할 때

ほめる時

1 정말 좋으신 분이네요.
チョンマル チョウシン ブニネヨ

2 정말 친절하시네요.
チョンマル チンヂョラシネヨ

3 멋있어요. 근사하네요.
モシッソヨ クンサ ハネヨ

4 정말 아름답네요.
チョンマル アルムダムネヨ

5 그 시계 멋지네요.
ク シゲェ モッチネヨ

6 그 옷 정말 잘 어울리시네요.
ク オッ チョンマル チャル オウルリシネヨ

7 정말 잘 하시네요.
チョンマル チャラシネヨ

8 일본어 잘 하시네요.
イルボノ チャラシネヨ

9 노래 잘 하시네요.
ノレ チャラシネヨ

10 요리 정말 잘 하시네요.
ヨリ チョンマル チャラシネヨ

配慮する時

お疲れではありませんか。

피곤하지 않으세요?

ピゴナヂ　アヌセヨ

単語

配慮	배려 ペリョ	手伝う	돕다 トプタ
心配	걱정 コクチョン	先に	먼저 モンヂョ
気をつける	조심하다 チョシマダ	あとで	나중에 ナヂュンエ
休む	쉬다 シダ	一緒に	함께 ハムケ

配慮する時

アドバイス

　韓国の人々が誇る精神風土の一つに、「情(じょう)」の文化があります。電車で、見知らぬおばさんに、そのおばさんのひざの上に荷物を置くように勧められたり、駅の階段で、重い荷物を一緒に運んでくれるおじさんがいたり、あるいは、のどかな風景が広がる民俗村(観光地)でお酒を飲んでいる時に、となりの席のおじさんが、自分の盃を渡して「一杯どうぞ」と勧めてくれたりと、そうした「情」にまつわるほのぼのとしたエピソードを、何度となく耳にした事があります。

　外国へ行くという事は、新鮮で、楽しい反面、とても心と体を疲れさせます。それは無意識のうちに緊張している事や、言葉が通じないために、困った事があってもなかなか伝えられない、といった事などが、理由として挙げられるでしょう。

　そうした時、「情」というか、真心と友愛を発露とする自然な心で、配慮する一言をかけてあげられたら、どれほど喜ばれる事でしょうか。

第3部　韓国人と親しくなろう　59

配慮する時

1. 大丈夫ですか。
2. お疲れではないですか。
3. ここにお座りください。
4. ゆっくり休んでください。
5. 私がお手伝いしますよ。
6. 荷物を一緒にお持ちしますよ。
7. 食べたい物はないですか。
8. お先にどうぞ。
9. 遠慮せずに、もっとたくさんお召し上がりください。
10. 財布(パスポート)をなくさないように、気をつけてください。

배려할 때

配慮する時

1. 괜찮으세요?
   ケンチャヌセヨ

2. 피곤하지 않으세요?
   ピゴナヂ アヌセヨ

3. 여기에 앉으세요.
   ヨギエ アンヂュセヨ

4. 편히 쉬세요.
   ピョニ シセヨ

5. 제가 도와 드릴게요.
   チェガ トワ ドゥ リルケヨ

6. 짐 같이 들어 드릴게요.
   チム ガッチ トゥロ ドゥリルケヨ

7. 드시고 싶으신 거 없으세요?
   トゥシゴ シプシンゴ オプスセヨ

8. 먼저 하세요.
   モンヂョ ハセヨ

9. 사양하지 마시고 더 많이 드세요.
   サヤンハヂ マシゴ ド マニ トゥセヨ

10. 지갑을(여권을) 잃어버리지 않게 조심하세요.
    チガブル(ヨクォヌル) イロボリヂ アンケ チョシマセヨ

第3部 韓国人と親しくなろう 61

頼み事をする時

すいません、かばんをとっていただけますか。

죄송합니다, 가방을 들어 주시겠어요?

チェソン　ハンミダ　カバンウル　ドゥロ　ヂュシゲッソヨ

単語

頼み事	부탁 (ブタク)	撮る	찍다 (チクタ)	メールアドレス	이메일 주소 (イメイルヂュソ)
頼む	부탁하다 (ブタッカダ)	彼氏	남자친구 (ナムヂャ チング)	電話	전화 (チョナ)
助ける	구하다 (クハダ)	彼女	여자친구 (ヨヂャ チング)	手紙	편지 (ピョンヂ)
借りる	빌리다 (ピルリダ)	家族	가족 (カヂョク)	連絡	연락 (ヨルラク)
貸す	빌려주다 (ピルリョヂュダ)	友達	친구 (チング)	時間	시간 (シガン)
返す	돌려주다 (トルリョヂュダ)	住所	주소 (ヂュソ)		
持つ	가지다 (カヂダ)	電話番号	전화번호 (チョナ ボノ)		

頼み事をする時

アドバイス

　初対面の人に、頼みごとをするというのは、なかなか難しい事です。しかし、もしお互いが打ち解けて、頼みごとができるようになったとしたら、それは仲良くなった事の、一つの証とは言えないでしょうか。逆に、相手が何か頼んできたら、少しづつ、心を開いてくれているんだと、喜びたいものです。

　もし、何か頼む時は、まず「チョギヨ(あのう)」と言い、そしてどうしても「すみませんが」と言いたい時は、「ミアナンミダマン」と言ってから内容を述べると良いでしょう。

第3部 韓国人と親しくなろう

頼み事をする時

1　お願いがあるのですが。

2　少しお時間を作っていただけますか。

3　これちょっと手伝っていただけますか。

4　これちょっとお借りしてもよろしいですか。

5　写真を撮ってください。

6　ここに書いてください。

7　彼女(彼氏)の写真を見せてください。

8　住所と、電話番号と、メールアドレスを教えてください。

9　お手紙くださいね。

10　必ず連絡してくださいね。

부탁할 때

頼み事をする時

1. 부탁이 있는데요.
   プタギ インヌンデヨ

2. 잠시 시간 좀 내 주시겠어요?
   チャムシ シガン チョム ネヂュシゲッソヨ

3. 이것 좀 도와 주시겠어요?
   イゴッ チョム トワ ヂュシゲッソヨ

4. 이것 좀 빌려도 될까요?
   イゴッ チョム ピルリョド デルカヨ

5. 사진 좀 찍어 주세요.
   サヂン チョム チゴ ヂュセヨ

6. 여기에 써 주세요.
   ヨギエ ソ ヂュセヨ

7. 여자친구(남자친구) 사진 보여 주세요.
   ヨヂャ チング(ナムヂャ チング) サヂン ポヨ ヂュセヨ

8. 주소와 전화번호, 이메일 주소를 가르쳐 주세요.
   ヂュソワ チョナ ボノ イメイル ヂュソルル カルチョ ヂュセヨ

9. 편지 보내 주세요.
   ピョンヂ ポネ ヂュセヨ

10. 꼭 연락 주세요.
    コォック ヨルラク ヂュセヨ

第3部 韓国人と親しくなろう 65

祝う時

お誕生日おめでとうございます。

생일 축하합니다.

センイル　チュッカ　ハンミダ

こんなに祝って
もらったのは
初めてだぁ。

単語

祝う	축하하다 チュッカ ハダ	結婚	결혼 キョロン
お祝い	축하 チュッカ	出産	출산 チュルサン
めでたい	경사스럽다 キョンサ スロプタ	退院	퇴원 テウォン
嬉しい	기쁘다 キップダ	本当に	정말 チョンマル
誕生日	생일 センイル	とても	매우 メウ
合格	합격 ハプキョク	ついに	드디어 トゥディオ
昇進	승진 スン ジン	贈り物	선물 ソンムル

祝う時

アドバイス

　韓国でも、誕生日や、クリスマスなど、お祝い事をする習慣は、日本とほとんど同じです。ただ、変わった習慣としては、若者同士の間で、カップルが例えば100日目の記念日を迎えたら、友人達が100ウォン(約10円)をプレゼントしたり、あるいは「ブラックデー(4月14日)」といって、恋人のいない人同士が、ジャージャー麺を食べる日があるのも、面白い習慣です。
　逆に、日本の「盆踊り」や「祭り」、「花火大会」などは、韓国にはあまりないものなので、一緒に見に行くと喜んでくれる事でしょう。

第3部 韓国人と親しくなろう　67

祝う時

1. おめでとう。
2. よかったですね。
3. 本当におめでとうございます。
4. 心からお祝い申し上げます。
5. お誕生日おめでとうございます。
6. ご結婚おめでとうございます。
7. 合格おめでとうございます。
8. ご退院おめでとうございます。
9. 私も嬉しいです。
10. 日本へようこそいらっしゃいました。

축하할 때

祝う時

1 축하해요.
チュッカヘヨ

2 잘 됐네요.
チャル テンネヨ

3 정말 축하합니다.
チョンマル チュッカ ハンミダ

4 진심으로 축하드립니다.
チンシムロ チュッカ ドゥリンミダ

5 생일 축하합니다.
センイル チュッカ ハンミダ

6 결혼 축하합니다.
キョロン チュッカ ハンミダ

7 합격 축하합니다.
ハプキョク チュッカ ハンミダ

8 퇴원 축하합니다.
テウォン チュッカ ハンミダ

9 저도 기뻐요.
チョド キッポヨ

10 일본에 잘 오셨습니다.
イルボネ チャル オショッスンミダ

第3部 韓国人と親しくなろう 69

第4部

韓国人ともっと親しくなろう

- 名刺・連絡先を交換する時
- 学校や出身地・居住地について話す時
- 家族について話す時
- 性格・将来の夢について話す時
- 職場について話す時
- 異性との交際・結婚について話す時
- 趣味について話す時
- 2002年FIFAワールドカップについて話す時

名刺・連絡先を交換する時

これが、私のメールアドレスです。

이게 제 이메일 주소예요.

イゲ チェ イメイル ヂュソエヨ

単語

連絡先	연락처 (ヨルラクチョ)	寮	기숙사 (キスクサ)
メール	이메일 (イメイル)	名刺	명함 (ミョンハム)
自宅	자택 (チャテク)	ひらがな	히라가나 (ヒラガナ)
実家	생가, 친정 (センガ チンジョン)	カタカナ	가타카나 (カタカナ)
会社	회사 (フェサ)		

名刺・連絡先を交換する時

アドバイス

　出会いには、別れがつきものです。今こうして、楽しい時間を過ごしていても、あなたの韓国人の友達は、いつか韓国に帰る日が来ます。しかしだからこそ、一つ一つの出会いを大切に思えるのかもしれませんが、帰国後は音信不通、というのでは少し寂しい気がします。でも現実に、そうなってしまっている人々も意外に多いようです。

　そこでぜひ、早めに連絡先を交換しておく事をおすすめします。特に、韓国ではコンピューターの一般普及率がとても高く、ほとんどの若者がEメールを頻繁に使っていますから、最低でもEメールアドレスは、ぜひ交換しておきましょう。

第4部 韓国人ともっと親しくなろう

名刺・連絡先を交換する時

1 　私の名刺です。

2 　私の住所と電話番号です。

3 　これが、私のメールアドレスです。

4 　すみませんが、住所と電話番号を教えていただけますか。

5 　メールアドレスを教えていただけますか。

6 　こちらにお願いします。

7 　すみませんが、住所はローマ字(漢字)でお願いします。

8 　私のメールは、韓国語も大丈夫です。

9 　私のメールは、韓国語が読めないので、英語でお願いします。

10 　日本語で送ってもよろしいですか。

명함·연락처를 교환할 때

名刺・連絡先を交換する時

1 제 명함입니다.
チェ ミョンハミンミダ

2 제 주소와 전화번호예요.
チェ ヂュソワ チョナ ボノエヨ

3 이게 제 이메일 주소예요.
イゲ チェ イメイル ヂュソエヨ

4 실례합니다만, 주소와 전화번호를 가르쳐 주시겠어요?
シルレ ハンミダマン ヂュソワ チョナ ボノルル カルチョ ヂュシゲッソヨ

5 이메일 주소를 가르쳐 주시겠어요?
イメイル ヂュソルル カルチョ ヂュシゲッソヨ

6 여기에 적어 주세요.
ヨギエ チョゴ ヂュセヨ

7 죄송하지만, 주소는 로마자(한자)로 부탁드려요.
チェソン ハジマン ヂュソヌン ロマチャ(ハンチャ)ロ プタク ドゥリョヨ

8 제 이메일은 한국어로도 괜찮습니다.
チェ イメイルン ハングゴロド ケンチャン スンミダ

9 제 이메일은 한국어가 안되니까 영어로 부탁드려요.
チェ イメイルン ハングゴガ アンデニカ ヨンオロ プタク ドゥリョヨ

10 일본어로 보내도 괜찮아요?
イルボノロ ボネド ケンチャナヨ

第4部 韓国人ともっと親しくなろう 75

学校や出身地・居住地について話す時

私の故郷にも、一度遊びにいらしてください。

저희 고향에도 한 번 놀러 오세요.

チョヒ ゴヒャンエド ハンボン ノルロ オセヨ

単語

学校	학교 ハッキョ	○年	○학년 ○ハンニョン
小学校	초등학교 チョドゥンハッキョ	休学	휴학 ヒュハク
中学校	중학교 チュンハッキョ	出身地	출신지 チュルシンチ
高校	고등학교 コドゥン ハッキョ	住む	살다 サルダ
大学	대학 テハク	遊びに行く	놀러 가다 ノルロ ガダ
大学院	대학원 テハグォン	引っ越す	이사하다 イサハダ
○年生	○학년생 ○ハンニョンセン		

学校や出身地・居住地について話す時

アドバイス

　日本と韓国の若者の決定的な違い、それは「軍隊(クンデ)」の存在です。韓国の男性は、期間は平均2年2ヶ月、必ず軍隊に入らなければなりません。高校卒業後すぐに志願して行く人もいますが、たいていの場合、学生であれば大学在学中に徴兵される事になるので、休学をして、兵役を終えてから復学をして卒業、という場合がほとんどです。

　悲しい事に、訓練中に負傷したり、亡くなる若者もいます。そうした厳しい現実を、日本人が実感として捉える事は無理かもしれませんが、ひょっとすると、今あなたの隣にいる人も、もうすぐ軍隊へ入るのかもしれません。あるいは、大変な訓練を経験してきた人かもしれません。そうした事も、友達として、ぜひ認識しておきたい事の一つではないでしょうか。

第4部 韓国人ともっと親しくなろう

学校や出身地・居住地について話す時

1. どちらの大学を出られたんですか。
2. どちらの大学に通っていらっしゃるんですか。
3. 専攻は何ですか。
4. 何を勉強されてるんですか。
5. 何年生ですか。
6. 韓国のどちらに住んでいらっしゃるんですか。
7. 出身はどちらですか。
8. 今はどちらにお住まいですか。
9. そちらに何年お住まいですか。
10. 私は、大阪で生まれ育ちました。

학교와 출신지·거주지에 대해 이야기할 때

学校や出身地・居住地について話す時

1 어느 대학을 나오셨어요?
オヌ デハグル ナオショッソヨ

2 어느 대학에 다니고 계세요?
オヌ デハゲ タニゴ ゲセヨ

3 전공은 뭐예요?
チョンゴン ウン ムォエヨ

4 무엇을 공부하고 계세요?
ムオスル コンブハゴ ゲセヨ

5 몇 학년이세요?
ミョッ タンニョニセヨ

6 한국의 어디에 살고 계세요?
ハングゲ オディエ サルゴ ゲセヨ

7 어디 출신이세요?
オディ チュルシニセヨ

8 지금은 어디서 살고 계세요?
チグムン オディソ サルゴ ゲセヨ

9 거기서 몇 년 사셨어요?
コギソ ミョンニョン サショッソヨ

10 저는 오사카에서 태어나고 자랐어요.
チョヌン オオサカ エソ テオナゴ チャラッソヨ

第4部 韓国人ともっと親しくなろう 79

家族について話す時

キムさんは、何人兄弟ですか。

김수진 씨는 형제가 몇 분이세요?

キムスジン　シヌン　ヒョンヂェガ　ミョップニセヨ

おどろいたでしょう？

単語

兄弟	형제 ヒョンヂェ	姉	누나(언니) ヌナ(オンニ)	妻	아내 アネ
姉妹	자매 チャメ	弟	남동생 ナムドンセン	長男	장남 チャンナム
祖父	할아버지 ハラボヂ	妹	여동생 ヨドンセン	長女	장녀 チャンニョ
祖母	할머니 ハルモニ	子ども	아이 アイ	末っ子	막내 マンネ
父	아버지 アボヂ	息子	아들 アドゥル	一人っ子	외동 ウェドン
母	어머니 オモニ	娘	딸 タル		
兄	형(오빠) ヒョン(オッパ)	夫	남편 ナンピョン		

家族について話す時

アドバイス

韓国の家庭の特徴は、儒教文化が深く根を下ろしているためか、家庭内での父親の地位がとても高いという事が挙げられます。

基本的に、母親に対してもそうですが、子どもは両親に対しては敬語を使います。また、息子、まして娘が父親の前で煙草を吸う事は、ほとんどの家庭では想像もできない事です。

また、日本では、他人に対して自分の両親の事を話す場合には、例えば「父がこう申しておりました」というふうに、へりくだった言い方をしますが、韓国では「お父様がこうおっしゃっておりました」というふうに、逆に尊敬語を使います。

そのような習慣の違いはあれ、「家族愛」は万国共通です。特に韓国はその結びつきが強いですから、あなたの友達も、日本に来て、少しホームシックにかかっているかもしれません。あなたや、あなたの家族が、友達にとって「日本の家族」「第二の家族」になってあげられたら、それは何よりの思い出となるのではないでしょうか。

第4部 韓国人ともっと親しくなろう

家族について話す時 ①

1　何人家族ですか。

2　私の家族はみんなで4人です。

3　何人兄弟ですか。

4　3人兄弟です。

5　お子さんはいらっしゃるんですか。

6　娘と息子が一人ずついます。

7　お父さんは、どんなお仕事をされてるんですか。

8　お父さん(お母さん)は、どんな方ですか。

9　父は厳しいですが、あたたかい人です。

10　母は優しい人です。

가족에 대해 이야기할 때 ①

家族について話す時 ①

1. 가족은 몇 분이세요?
   カヂョグン ミョップニセヨ

2. 저희 가족은 모두 4 명이에요.
   チョイ カヂョグン モドゥ ネ ミョン イエヨ

3. 형제는 어떻게 되세요?
   ヒョンヂェ ヌン オットケ デセヨ

4. 3 형제예요.
   サ ヒョンヂェ エヨ

5. 자녀분은 있으세요?
   チャニョ ブヌン イッスセヨ

6. 딸과 아들이 한 명씩 있어요.
   タルグァ アドゥリ ハンミョンシク イッソヨ

7. 아버님은 어떤 일을 하고 계세요?
   アボニムン オットン イルル ハグ ゴロ

8. 아버님은(어머님은) 어떤 분이세요?
   アボニムン(オモニムン) オットン ブニセヨ

9. 아버지는 엄하시지만 자상한 분이세요.
   アボヂヌン オマシヂマン チャサンハン ブニセヨ

10. 어머니는 상냥한 분이세요.
    オモニヌン サンニャンハン ブニセヨ

第4部 韓国人ともっと親しくなろう 83

家族について話す時 ②

11　兄は大学生です。

12　姉は、もう結婚しています。

13　私は長男です(長女です)。

14　私は末っ子です。

15　弟(妹)が一人います。

16　ご両親と一緒にお住まいですか。

17　一人で暮らしています。

18　ご家族の写真があれば、見せてください。

19　お母さんによく似ていますね。

20　とても仲が良さそうですね。

가족에 대해 이야기할 때 ②

家族について話す時 ②

11 형은(오빠는) 대학생이에요.
ヒョウン(オッパヌン) デハクセンイエヨ

12 누나(언니)는 벌써 결혼했어요.
ヌナ(オンニ)ヌン ポルソ キョロン ヘッソヨ

13 저는 장남이에요(장녀에요).
チョヌン チャンナミエヨ(チャンニョエヨ)

14 저는 막내예요.
チョヌン マンネエヨ

15 남동생(여동생)이 한 명 있어요.
ナム ドンセン(ヨドンセン)イ ハンミョン イッソヨ

16 부모님과 같이 사세요?
プモニムグァ カッチ サセヨ

17 혼자 살아요.
ホンヂャ サラヨ

18 가족 사진이 있으면 보여 주세요.
カヂョク サヂニ イッスミョン ポヨ ヂュセヨ

19 어머니와 많이 닮으셨네요.
オモニワ マニ タルムションネヨ

20 참 사이가 좋아 보여요.
チャム サイガ ヂョア ボヨヨ

第4部 韓国人ともっと親しくなろう 85

性格・将来の夢について話す時

イさんの夢は何ですか。

이한수 씨의 꿈은 뭐예요?

イハンス シエ クムン ムォエヨ

性格・将来の夢について話す時

単語

性格	성격 ソンキョク	歌手	가수 カス	弁護士	변호사 ピョノサ
明るい	밝다 パルタ	ピアニスト	피아니스트 ピアニストゥ	医師	의사 ウィサ
活発	활발 ファルバル	野球選手	야구선수 ヤグソンス	看護婦	간호사 カノサ
内気	내성적 ネソンチョク	サッカー選手	축구선수 チュックソンス	スチュワーデス	스튜어디스 ステュオディス
夢	꿈 クム	運転士	운전사 ウンヂョンサ	保母	보모 ポモ
芸能人	연예인 ヨネイン	パイロット	파일럿 パイルロッ	花屋	꽃가게 コッカゲ
コメディアン	코미디언 コミディオン	政治家	정치가 チョンチガ	ケーキ屋	케이크가게 ケイクゥカゲ
俳優(女優)	배우(여배우) ペウ(ヨベウ)	外交官	외교관 ウェギョ グァン	パン屋	빵가게 パンカゲ

アドバイス

ここまで来ると、韓国語がまったくわからない人にとっては、もっといろいろと応用できる言い回しを使いたくなるのではないでしょうか。そこで、ごく基本的な文法を、少し紹介したいと思います。

①
これは(イゴスン)
それは(クゴスン)　　　○○です(○○インミダ)
あれは(チョゴスン)　　○○ですか(○○インミカ)
私は　(チョヌン)
○○さんは(○○シヌン)

②
私の将来の夢は○○です。⇒ チェ　チャンネ　クムン　○○インミダ

第4部　韓国人ともっと親しくなろう

性格・将来の夢について話す時

1. イさんは、自分がどんな性格だと思いますか。
2. 活発な性格のようですね。
3. 私は、内気な性格です。
4. 明るい性格です。
5. 人と会って話すのが好きです。
6. 将来の夢は何ですか。
7. どんな仕事がしたいですか。
8. 幼い頃の夢は何でしたか。
9. 私は、芸能人になるのが夢です(夢でした)。
10. 韓国と関係のある仕事がしたいです。

성격·장래의 꿈에 대해 이야기할 때

性格・将来の夢について話す時

1 이한수 씨는 자신이 어떤 성격이라고 생각하세요?
イハンス シヌン チャシニ オットン ソンキョギラゴ センガッ カセヨ

2 활발한 성격 같아요.
ファルバラン ソンキョク ガッタヨ

3 저는 내성적인 성격이에요.
チョヌン ネソンチョギン ソンキョギエヨ

4 밝은 성격이에요.
パルグン ソンキョギエヨ

5 사람들과 만나서 이야기하는 것을 좋아해요.
サラムドゥルグァ マンナソ イヤギハヌン ゴスル チョアヘヨ

6 장래희망이 뭐예요?
チャンネ ヒマンイ ムォエヨ

7 어떤 일을 하고 싶으세요?
オットン イルル ハゴ シプセヨ

8 어렸을 때 꿈은 뭐였어요?
オリョッスル テ クムン ムォ ヨッソヨ

9 저는 연예인이 되는 것이 꿈이에요(꿈이었어요).
チョヌン ヨネイニ テヌン ゴシ クミエヨ(クミオッソヨ)

10 한국과 관련된 일을 하고 싶어요.
ハングックァ クァルリョン デン イルル ハゴシッポヨ

第4部 韓国人ともっと親しくなろう 89

職場について話す時

私は会社員です。

저는 회사원입니다.

チョヌン　フェサウォン　インミダ

単語

職場	직장 チクチャン	教授	교수 キョス	残業	잔업 ザノップ
仕事	일 イル	営業	영업 ヨンオプ	月給	월급 ウォルグプ
銀行	은행 ウネン	上司	상사 サンサ	製造業	제조업 チェヂョオプ
デパート	백화점 ペックァヂョム	部下	부하 プハ	サービス業	서비스업 サビスオプ
工場	공장 コンヂャン	出勤	출근 チュルグン	大企業	대기업 テギオプ
病院	병원 ピョンウォン	退勤	퇴근 テグン	中小企業	중소기업 チュンソギオプ

職場について話す時

アドバイス

　近年の韓国企業の成長ぶりには、目を瞠るものがあります。特に、ＩＴ産業の分野などでは、海外特にアジア進出が著しい急成長を遂げており、日本と共に１、２位を争うまでになっています。そうした時代の到来の中でも、未だに韓国を発展途上国として見ている人もたまにいるようですが、それは全く時代遅れの認識といえます。

　しかも、世界のあらゆる分野でグローバリゼーションが進行しており、かつてのように、自国を中心基準とした上での、相対的な世界観ではなく、手を結び、協力しながら、しかも国際競争力の追求のみにとどまらず、その力をもって人類益のために貢献していくという意味での「北東アジア共同体」の構想も、その必然性にかられて現実味をおびてきています。

　個人間の対話にあっても、お互いに学ぶところ、思わず頷いてしまう所など、職場の話題から思わぬ発見や共感が生まれる事でしょう。

第４部　韓国人ともっと親しくなろう

職場について話す時

1. どんな会社にお勤めですか。
2. 何のお仕事をされてるんですか。
3. 私は銀行で働いています。
4. 会社員ですか。
5. お勤めになって何年ですか。
6. 良いお仕事をお持ちですね。
7. 私はまだ学生です。
8. 今されているお仕事は、あなたに合っていますか。
9. 土曜日も出勤されるんですか。
10. 私は、自分の仕事に誇りを持って、一生懸命取り組んでいます。

직장에 대해 이야기할 때

職場について話す時

1. 어떤 회사에 다니세요?
   オットン フェサエ タニセヨ

2. 무슨 일을 하고 계세요?
   ムスン イルル ハゴ ゲセヨ

3. 저는 은행에서 일하고 있어요.
   チョヌン ウネンエソ イラゴ イッソヨ

4. 회사원이세요?
   フェサウォニセヨ

5. 몇 년 근무하셨어요?
   ミョンニョン グンム ハショッソヨ

6. 좋은 직업을 갖고 계시네요.
   チョウン チゴブル カッコ ゲシネヨ

7. 저는 아직 학생입니다.
   チョヌン アヂク ハクセンインミダ

8. 지금 하고 계시는 일은 당신과 잘 맞아요?
   チグム ハゴ ゲシヌン イルン ダンシングァ チャル マヂャヨ

9. 토요일도 출근하세요?
   トヨイルド チュルグンハセヨ

10. 저는 제 일에 자부심을 갖고, 열심히 일하고 있어요.
    チョヌン チェ イレ ヂャブシムル ガッコ ヨルシミ イラゴ イッソヨ

第4部 韓国人ともっと親しくなろう 93

異性との交際・結婚に ついて話す時

パクさんはモテるでしょう。

박진우 씨는 인기가 많죠?

パクジヌ　シヌン　インキガ　マンチョ

こ、この人
病人でるよ。

単語

男性	남성 ナムソン	婚約者	약혼자 ヤッコンヂャ	お見合い	맞선 マッソン
女性	여성 ヨソン	結婚	결혼 キョロン	頼もしい	믿음직하다 ミドゥムヂッカダ
異性	이성 イソン	独身	독신 トクシン		
恋人	애인 エイン	独身主義者	독신주의자 トクシンヂュイヂャ		
恋愛	연애 ヨネ	タイプ	타입 タイプ		
交際	교제 キョヂェ	合コン	미팅 ミッティン		

異性との交際・結婚について話す時

アドバイス

　韓国人と友達になると、まだ知り合ってすぐにも関わらず、「恋人はいますか？」と聞かれる事があります。はじめは「まだ知り合ったばっかりなのに…。」と戸惑ってしまうかもしれませんが、相手に関心を示す事が、韓国流の友情表現とも言えるので、そう深く捉えずに、「いますよ」「イッソヨ」「いませんよ」「オプソヨ」、反対に「恋人はいますか？」と聞き返してあげるといいでしょう。恋愛話はやはりどの国においても盛りあがりますから、ぜひ覚えておきたい表現ですね。

　ちなみに、韓国では合コンの事を「ミッティン」と言い、紹介の事は「ソゲ(紹介)ティン」と呼ばれ、若者の間でごく日常的に行われています。韓国に行った折には、一度参加してみてはどうでしょうか。韓国語の勉強にも、いっそう熱が入るかも！？

異性との交際・結婚について話す時

1　恋人はいますか。

2　付き合っていた人がいたんですけど、今はもう別れました。

3　付き合ってどれくらいですか。

4　合コンはよくされますか。

5　どんなタイプの男性(女性)が好きですか。

6　私は、かわいいタイプの人が好きです。

7　結婚はされていらっしゃるんですか。

8　私は独身主義者です。

9　お見合い結婚ですか、恋愛結婚ですか。

10　いつ頃結婚したいですか。

이성 교제 · 결혼에 대해 이야기할 때

異性との交際・結婚について話す時

1 애인 있으세요?
エイン イッスセヨ

2 사귀던 사람이 있었는데 지금은 헤어졌어요.
サギドン サラミ イッソンヌンデ チグムン ヘオヂョッソヨ

3 어느 정도 사귀셨어요?
オヌ ヂョンド サギ ショッソヨ

4 미팅은 많이 해보셨어요?
ミッティン ウン マニ ヘボショッソヨ

5 어떤 스타일의 남자(여자)를 좋아하세요?
オットン スタイレ ナムヂャ(ヨヂャ)ルル チョアハセヨ

6 저는 귀여운 타입이 좋아요.
チョヌン クィヨウン タイビ チョアヨ

7 결혼하셨어요?
キョロン ハショッソヨ

8 저는 독신주의자예요.
チョヌン ドクシン ヂュイヂャエヨ

9 중매 결혼이세요, 연애 결혼이세요?
ヂュンメ キョロニセヨ ヨネ キョロニセヨ

10 언제쯤 결혼하고 싶으세요?
オンヂェッ チュム キョロナゴ シップセヨ

趣味について話す時

いい趣味をお持ちですね。

좋은 취미를 갖고 계시네요.

チョウン チィミルル ガッコ ゲシネヨ

単語

趣味	취미 (チィミ)	サッカー	축구 (チュック)	ボーリング	볼링 (ボルリン)
週末	주말 (チュマル)	バスケットボール	농구 (ノング)	ビリヤード	당구 (タング)
休日	휴일 (ヒュイル)	バレーボール	배구 (ペグ)	カラオケ	노래방 (ノレバン)
読書	독서 (トクソ)	テニス	테니스 (テニス)	競馬	경마 (キョンマ)
音楽鑑賞	음악감상 (ウマク カムサン)	バドミントン	배드민턴 (ベドゥミントン)	競輪	경륜 (キョンニュン)
ショッピング	쇼핑 (ショッピン)	卓球	탁구 (タック)	競艇	경정(모터보트경주) (キョンヂョン(モトゥボトゥギョンヂュ))
スポーツ	스포츠 (スポチュウ)	水泳	수영 (スヨン)	パチンコ	빠찡코 (パチンコ)
野球	야구 (ヤグ)	ゴルフ	골프 (ゴルプゥ)	麻雀	마작 (マヂャク)

趣味について話す時

アドバイス

韓国も日本も、趣味にはそれほど特別な差はないと言えます。ただ、例えば「写真」という趣味でも、ある人は風景が、またある人は人物を撮るのが好きだったりと、様々でしょう。もし、相手と共通の趣味があれば、当然盛り上がるでしょうし、自分とは全く違う趣味であったとしても、興味をもってみると、今まで知らなかった魅力ある趣味に出会えるかもしれません。ぜひ、趣味の話題を通して、共有できる「何か」が見つけられる事を期待したいですね。

趣味について話す時

1. パクさんの趣味は何ですか。

2. 私の趣味は水泳です。

3. 音楽を聞くのが好きです。

4. 映画やビデオを見るのがとても好きです。

5. スポーツ、特にバスケットボールが好きです。

6. 特に趣味というものはありません。

7. 旅行はよくされますか。

8. 週末は、どのようにすごされるんですか。

9. 週末はたいてい、本を読んですごします。

10. 私の趣味と同じですね。

취미에 대해 이야기할 때

趣味について話す時

1 박혜진 씨의 취미는 뭐예요?
パクヘジン シエ チミヌン モエヨ

2 제 취미는 수영입니다.
チェ チミヌン スヨンインミダ

3 음악 듣는 것을 좋아해요.
ウマク ドゥンヌン ゴスル チョアヘヨ

4 영화나 비디오 보는 것을 아주 좋아해요.
ヨンファナ ビディオ ボヌン ゴスル アジュ チョアヘヨ

5 스포츠, 특히 농구를 좋아해요.
スポチユウ トゥッキ ノングルル チョアヘヨ

6 특별히 취미라고 할 만한 것은 없어요.
トゥクピョリ チィミ ラゴ ハルマナン ゴスン オプソヨ

7 여행은 자주 하세요?
ヨヘンウン チャヂユ ハセヨ

8 주말은 어떻게 보내세요?
チユマルン オットッケ ボネセヨ

9 주말에는 대개 책을 읽으면서 보내요.
チユマレヌン デゲ チェグル イルグミョンソ ボネヨ

10 저와 취미가 같네요.
チョワ チィミガ ガンネヨ

第4部 韓国人ともっと親しくなろう 101

2002年FIFAワールドカップについて話す時

私は、2002年のワールドカップが、とても楽しみです。

저는 2002년 월드컵이 정말 기대돼요.

チョヌン イィチョン イィニョン ウォルドゥ コビ チョンマル ギデデヨ

> KOREAファイト!
> JAPANファイト!

単語

ワールドカップ	월드컵 ウォルドゥコプ	応援	응원 ウンウォン
サッカー	축구 チュック	活躍	활약 ファリャク
チーム	팀 ティム	期待	기대 キデ
選手	선수 ソンス	キャラクターグッズ	캐릭터 상품 ケリクトォサンプム
試合	시합 シハプ	チケット	티켓 ティケッ
決勝戦	결승전 キョルスンヂョン	予約	예약 イェヤク
観戦	관전 クァンヂョン		

アドバイス

　2002年ワールドカップは、二カ国共同開催という史上初の試みであると同時に、アジア初の開催ということもあり、大変注目を集めています。開催国なので、当然日本も韓国も出場が決まっています。ご存知の通り、韓国はもともとサッカーが盛んに行われており、いまや「国技」とも言われるほどです。

　大会の名称や、その他様々な問題、紆余曲折もありましたが、ともかく日本と韓国が、悲しい歴史を乗り越え、共に協力して、このようなビッグイベントを開催できる事を率直に喜びたいものです。

　今回のワールドカップが、本当の意味での「未来志向」の日韓友好の新時代の幕開けとなる可能性を秘めているように、あなたと韓国人の友達との友情も、無限の可能性を秘めています。例えば、お互いの友人達と一緒に、「ミニ日韓戦」を行ってみても楽しいかもしれません。どんどん積極的に、最高の友情を築かれる事を、願ってやみません。

2002年FIFA ワールドカップ について話す時

1. 私は、2002年のワールドカップが、とても楽しみです。

2. 日本では、東京、静岡、大阪など、10ヶ所で試合が行われます。

3. この大会には、192もの国々が参加するんですよ。

4. テレビで観戦する人は、なんと、のべ410億人にもなるそうですよ。

5. 日本では、中田や、小野といった選手の活躍が期待されています。

6. 韓国と日本が、一緒に決勝戦に出られるといいですね。

7. ぜひ、一緒に試合を見に行きたいですね。

8. 試合は見に行かれますか。

9. 一緒に、キャラクターグッズのお店を見に行きませんか。

10. ワールドカップの時には、私が韓国に行きたいです。

2002년 FIFA 월드컵에 대해서 이야기할 때

1 저는 2002년 월드컵이 정말 기대돼요.
チョヌン イィチョン イィニョン ウォルドゥ コビ チョンマル キデ デヨ

2 일본에서는 도쿄, 시즈오카, 오사카 등 10개장소에서 시합이 개최돼요.
イルボネソヌン トウキョウ シズオカ オオサカ ドゥン ヨルケ ヂャンソエソ シハビ ケチェデヨ

3 이 대회에는 192개나 되는 나라들이 참가해요.
イ デフェエヌン ベククーシビーグナ デヌン ナラドゥリ チャムガ ヘヨ

4 텔레비전으로 관전하는 사람들은 놀랍게도 총 410억 명이나 된다고 해요.
テルレビヂョヌロ クァンヂョンハヌン サラムドゥルン ノルラブケド チョン サーベクシボンミョンイナ デンダゴ ヘヨ

5 일본에서는 나카타나 오노라고 하는 선수들의 활약이 기대되고 있어요.
イルボネソヌン ナカタナ オノラゴ ハヌン ソンスドゥレ ファリャギ キデ デゴ イッソヨ

6 한국과 일본이 함께 결승전에 나갈 수 있으면 좋겠어요.
ハングックァ イルボニ ハムケ キョルスンヂョネ ナガルス イッスミョン チョッケッソヨ

7 꼭 같이 시합을 보러 가고 싶네요.
コオック カッチ シハブル ボロガゴ シムネヨ

8 시합은 보러 가실 겁니까?
シハブン ボロ ガシル ゴンミカ

9 같이 캐릭터상품 가게에 안 가 보실래요?
カッチ ケリクトオ サンプム カゲエ アンガ ボシルレヨ

10 월드컵 때에는 제가 한국에 가고 싶어요.
ウォルドゥコブ テエヌン チェガ ハングゲ ガゴ シッポヨ

第4部 韓国人ともっと親しくなろう 105

第5部

韓国人を招待しよう

食事に招待する時

パーティーに招待する時

家に招待する時

食事に招待する時

明日の夜、一緒に食事をしませんか。

내일 밤, 같이 식사하지 않으실래요?

ネイル　パム　カッチ　シクサ　ハヂ　アヌシルレヨ

生きてて よかった…

単語

食事	식사 (シクサ)	今日	오늘 (オヌル)
朝食	아침식사 (アッチム クサ)	明日	내일 (ネイル)
昼食	점심식사 (ムシム シクサ)	あさって	모레 (モォレ)
夕食	저녁식사 (チョニョク シクサ)	招待	초대 (チョデ)
間食	간식 (カンシク)	機会	기회 (キフェ)
外食	외식 (ウェシク)	残念だ	아쉽다 (アシプタ)

アドバイス

韓国の食卓には、ご存知「キムチ」が欠かせません。その種類は、実に100種類を超えるとも言われています。なぜここでキムチの話を持ち出すのかというと、韓国人と日本人には「食文化の違い」そして「味覚の違い」があるからです。

せっかく食事に招待する訳ですから、できれば日本の味に触れてもらい、「美味しい」と思ってもらいたいですよね。

そこで、知っておいたほうがいい事としては、たいていの韓国人は、日本の薄味がどうも物足りない、という人が多い事、また、油濃いものは、苦手な人が多いという事も、覚えておいたほうがいいでしょう。

食事に招待する時

1 今日、お時間ありますか。

2 食事はされましたか。

3 今日、一緒に食事をしませんか。

4 私に食事をごちそうさせてください。

5 どんな食べ物が好きですか。

6 一緒に焼き肉を食べに行きましょうか。

7 食事でもしながら、お話しませんか。

8 それじゃあ、明日はいかがですか。

9 いつなら大丈夫ですか。

10 残念ですね。それじゃあ、次の機会に、ぜひ一緒に行きましょう。

식사에 초대할 때

食事に招待する時

1. 오늘 시간 있으세요?
   オヌル シガン イッスセヨ

2. 식사하셨어요?
   シクサ ハショッソヨ

3. 오늘 같이 식사하지 않으실래요?
   オヌル カッチ シクサ ハヂ アヌシルレヨ

4. 제가 식사를 대접하겠습니다.
   チェガ シクサルル テヂョプ ハゲッスンミダ

5. 어떤 음식을 좋아하세요?
   オットン ウムシグル チョアハセヨ

6. 같이 불고기를 먹으러 가실래요?
   カッチ プルゴギルル モグロ ガシルレヨ

7. 식사라도 하면서 이야기하지 않으실래요?
   シクサラド ハミョンソ イヤギ ハヂ アヌシルレヨ

8. 그럼 내일은 어떠세요?
   クロム ネイルン オットセヨ

9. 언제가 좋을까요?
   オンヂェガ チョウルカヨ

10. 아쉽네요. 그러면 다음 기회에 꼭 같이 갑시다.
    アシムネヨ クロミョン タウム キフェ エ コォック カッチ ガプシダ

第5部 韓国人を招待しよう 111

パーティーに招待する時

私の友達のバースデーパーティーにいらっしゃいませんか。

제 친구 생일파티에 안 오실래요?

チェ チング センイル パッティ エ アノシルレヨ

どんな
パーティー
なんだろ…

単語

パーティー	파티 (パッティ)	忘年会	송년회 (ソンニョン フェ)
バースデーパーティー	생일파티 (センイル パッティ)	引越し祝い	집들이 (チプドゥリ)
クリスマスパーティー	크리스마스파티 (クリスマス パッティ)	楽しい	즐겁다 (チュルゴプタ)
歓迎パーティー	환영파티 (ファニョン パッティ)	面白い	재밌다 (チェミッタ)
送別会	송별회 (ソンビョルフェ)	お酒	술 (スル)
新年会	신년회 (シンニョンフェ)		

パーティーに招待する時

アドバイス

　韓国の人々は、友達と集まってにぎやかにワイワイやるのがとても好きな人が多いと言われています。しかし、残念な事に、日本に留学、あるいは日本語学校などに就学に来ている韓国人学生の中で、親しい日本人の友達が全くいないという人が、意外と多いのです。

　理由は色々と挙げられるでしょうが、例えば、就学生として日本に来て、もうすぐ1年になるのに日本人の友達がほとんどいないという韓国人学生の場合、まず通っているのが日本語学校であるため、日本人と触れ合う機会が少ないという事、また、生活が大変なために、ほとんど毎日アルバイトをしなければならない事などが理由であると語っていました。ともあれ、せっかく出会った、あなたの大切な友達に、ぜひ日本人の友達をたくさん紹介してあげてください。そこからまた、新たな輪が広がるはずです。

第5部 韓国人を招待しよう

パーティーに招待する時

1. 明日、私のバースデーパーティーに来ていただけませんか。
2. 今週の土曜日、私の友達の引越し祝いに、一緒に行きませんか。
3. 来週の金曜日に、私の家でパーティーをするので、ぜひ来てください。
4. 友達も、イさんに会いたがっています。
5. ぜひいらして、お祝いの席に花を添えてください。
6. 彼氏(彼女)と一緒にいらしてください。
7. 一緒にお酒を飲みながら、楽しく話しましょう。
8. とても楽しいと思いますよ。
9. 日本人の友達が、たくさんできると思いますよ。
10. みんな面白い友達ばかりですよ。

파티에 초대할 때

パーティーに招待する時

1 내일 제 생일파티에 안 오실래요?
ネイル チェ センイル パッティ エ アノシルレヨ

2 이번 주 토요일에 제 친구 집들이에 같이 안 가실래요?
イボン ヂュ トヨイレ チェ チング チブドゥリエ カッチ アン ガシルレヨ

3 다음 주 금요일에 저희 집에서 파티를 하는데 꼭 와 주세요.
タウム ヂュ グミョイレ チョイ ヂベソ パッティルル ハヌンデ コォック ワヂュセヨ

4 친구들도 이한수 씨를 만나고 싶어해요.
チングドゥルド イハンス シルル マンナゴ シッポヘヨ

5 꼭 오셔서 축하하는 자리를 빛내 주세요.
コォック オショソ チュッカ ハヌン ヂャリルル ピンネ ヂュセヨ

6 남자친구(여자친구)와 같이 오세요.
ナムヂャ チング(ヨヂャ チング)ワ ガッチ オセヨ

7 같이 술 마시면서 즐겁게 이야기해요.
カッチ スル マシミョンソ ヂュルゴプケ イヤギヘヨ

8 정말 재미있을 것 같아요.
チョンマル ヂェミイッスル ゴッ ガッタヨ

9 일본인 친구가 많이 생길 거예요.
イルボニン チングガ マニ センギル コエヨ

10 모두 재미있는 친구들이에요.
モドゥ ヂェミ インヌン チング ドゥリエヨ

第5部 韓国人を招待しよう 115

家に招待する時

もしお時間があれば、私の家に遊びにいらしてください。

시간 되시면, 저희 집에 놀러 오세요.

シガン デシミョン チョイ ヂベ ノルロ オセヨ

単語

日本語	韓国語		日本語	韓国語
家	집 (チプ)		一杯	한잔 (ハンチャン)
家庭	가정 (カヂョン)		ビデオ	비디오 (ビディオ)
今週	이번 주 (イボン チュ)		ゲーム	게임 (ゲイム)
来週	다음 주 (タウム チュ)		紹介	소개 (ソゲ)
再来週	다다음 주 (タダウム チュ)		駅	역 (ヨク)
ビール	맥주 (メクチュ)		出口	출구 (チュルグ)

家に招待する時

アドバイス

前章で述べたように、日本人の親しい友人がたくさんいるという韓国人留学生はごくまれです。まして、日本の家庭を訪れたことのある人というと、なおさら少ない事は言うまでもありません。

韓国の人々は、親しい友人を家に招き、もてなす事をとても好み、そうしたもてなしを大切に考えています。たとえ言葉は通じなくても、家に招待してあげれば、お互いの心の距離も、ぐっと近づく事でしょう。

家に招待する時 ①

1. 今週土曜日の夕方、お時間ありますか。
2. 私の家に、ご招待したいのですが。
3. 日本の家庭を、一度見にいらっしゃいませんか。
4. ぜひいらして、夕食でも召し上がってください。
5. 家で、ビールでも一杯いかがですか。
6. 家で、ゆっくり話しましょうよ。
7. ビデオでも一緒にご覧になりませんか。
8. 家に、面白いゲームがあるんですけど、一緒にしませんか。
9. 少し、私の家に寄っていきませんか。
10. 私の家族も、イさんに会いたがっているんですよ。

집에 초대할 때 ①

家に招待する時 ①

1. 이번 주 토요일 저녁에 시간 있으세요?
   イボン チュ トヨイル チョニョゲ シガン イッスセヨ

2. 저희 집에 초대하고 싶은데요.
   チョイ ヂベ チョデハゴ シップンデヨ

3. 일본의 가정을 한 번 보러 오시지 않을래요?
   イルボネ ガヂョンウル ハンボン ボロ オシヂ アヌルレヨ

4. 꼭 오셔서 저녁식사라도 드시고 가세요.
   コォック オショソ ヂョニョク シクサラド ドゥシゴ ガセヨ

5. 집에서 맥주라도 한 잔 어떠세요?
   チベソ メクチュラド ハンヂャン オットセヨ

6. 집에서 편하게 이야기해요.
   チベソ ピョナゲ イヤギヘヨ

7. 비디오라도 같이 보지 않으실래요?
   ビディオラド カッチ ボヂ アヌシルレヨ

8. 집에 재미있는 게임이 있는데 같이 하지 않으실래요?
   チベ ヂェミ インヌン ゲイミ インヌンデ カッチ ハヂ アヌシルレヨ

9. 잠깐 저희 집에 들렀다 안 가실래요?
   チャムカン チョイ ヂベ ドゥルロッタ アンガシルレヨ

10. 저희 가족들도 이한수 씨를 만나고 싶어해요.
    チョイ ガヂョクドゥルド イハンス シルル マンナゴ シッポヘヨ

第5部 韓国人を招待しよう 119

家に招待する時 ②

11　私の家族を紹介したいです。

12　私の住んでいる所をお見せしたいです。

13　家族も、きっと喜ぶと思います。

14　気をつかわずに、お気軽にいらっしゃってください。

15　私が、腕によりをかけてごちそうしますから。

16　それじゃあ、土曜日の午後5時に、新宿駅の東口に来てください。

17　駅まで迎えに行きますから、到着されたら電話してください。

18　もし道に迷われたら電話してください。

19　もしよければ、お泊りになっていってください。

20　お待ちしていますね。

집에 초대할 때 ②

11 저희 가족들을 소개하고 싶어요.
チョイ ガヂョク ドゥルル ソゲハゴ シッポヨ

12 제가 살고 있는 곳을 보여 드리고 싶어요.
チェガ サルゴ インヌン ゴスル ボヨ ドゥリゴ シッポヨ

13 가족들도 틀림없이 기뻐할 거예요.
カヂョク ドゥルド トゥルリム オプシ キッポハル コエヨ

14 부담 갖지 마시고 편하게 오세요.
プダム カッチ マシゴ ピョナゲ オセヨ

15 제가 솜씨를 발휘해서 대접할 테니까요.
チェガ ソムシルル パルフィ ヘソ テヂョプ ハルテニカヨ

16 그럼 토요일 오후 5시에 신주쿠역의 동쪽출구로 와 주세요.
クロム トヨイル オフ タソッシエ シンジュクヨゲ ドンチョクチュルグロ ワヂュセヨ

17 역까지 마중 나갈 테니까 도착하시면 전화 해 주세요.
ヨッカヂ マヂュン ナガル テニカ トチャッカシミョン チョナ ヘヂュセヨ

18 혹시 길을 잃으시면 전화해 주세요.
ホクシ キルル イルシミョン チョナ ヘヂュセヨ

19 괜찮으시다면 주무시고 가세요.
クェン チャヌシダミョン チュムシゴ ガセヨ

20 기다리고 있을게요.
キダリゴ イッスルケヨ

第6部

韓国人を歓迎しよう

- 訪問を歓迎する時
- 家族を紹介する時
- リラックスさせてあげたい時
- 食事をもてなす時
- お土産をもらった時
- 見送る時

訪問を歓迎する時

お忙しい中、来てくださってありがとうございます。

바쁘신 와중에도 와 주셔서 감사합니다.

パップシン　ワヂュンエド　ワヂュショソ　カムサ　ハンミダ

夢みたい
だなぁ…

単語

訪問	방문 (パンムン)		部屋	방 (パン)
歓迎	환영 (ファニョン)		台所	부엌 (プオク)
玄関	현관 (ヒョングァン)		トイレ	화장실 (ファヂャンシル)
居間	거실 (コシル)		あなた	당신 (タンシン)(あまり使わない)
応接間	응접실 (ウンヂョプシル)			

アドバイス

誰でも、初めて人の家を訪れる時は緊張するものです。それが外国であれば、なおさらではないでしょうか。その時に、心から暖かい歓迎を受けたら、きっとその緊張の糸もほぐれることでしょう。どうか、本章の表現を活用しながら、笑顔で迎えてあげてください。

訪問を歓迎する時

第6部 韓国人を歓迎しよう

訪問を歓迎する時

1 ようこそいらっしゃいました。

2 お待ちしていましたよ。

3 心から歓迎します。

4 来てくださって、ありがとうございます。

5 お疲れになったでしょう。

6 どうぞ、こちらへ。

7 何もありませんが、ゆっくりしていってください。

8 ここが私の部屋です。

9 ちらかっていますが、どうそ。

10 パクさんが来てくださって、本当に嬉しいです。

방문을 환영할 때

訪問を歓迎する時

1 잘 오셨습니다.
チャル オショッスンミダ

2 기다리고 있었어요.
キダリゴ イッソッソヨ

3 진심으로 환영합니다.
チンシムロ ファニョン ハンミダ

4 와 주셔서 감사합니다.
ワヂュショソ カムサ ハンミダ

5 힘드셨지요?
ヒムドゥショッチヨ

6 이쪽으로 오세요.
イッチョグロ オセヨ

7 누추하지만 편하게 놀다 가세요.
ヌチュ ハヂマン ピョナゲ ノルダ ガセヨ

8 여기가 제 방이에요.
ヨギガ チェ バンイエヨ

9 지저분하지만 들어오세요.
チヂョブナヂマン トゥロオセヨ

10 박혜진 씨가 와 주셔서 정말 기뻐요.
パクヘジン シガ ワヂュショソ チョンマル キッポヨ

第6部 韓国人を歓迎しよう 127

家族を紹介する時

こちらが私の父です。

이분이 저희 아버지이십니다.

イブニ チョイ アボヂ イシンミダ

単語

犬	개 (ケ)		熱帯魚	열대어 (ヨルデオ)
猫	고양이 (コヤンイ)		故郷	고향 (コヒャン)
鯉	잉어 (インオ)		ジョギング	조깅 (チョギン)
金魚	금붕어 (クンブンオ)		ピクニック	피크닉 (ピクニック)

家族を紹介する時

アドバイス

　日本は、島国であるせいか、「外国人」というと何か自分とは全く遠い存在であると、無意識のうちに考えてしまう人も少なくないのではないでしょうか。

　しかし、親しく付き合ってみれば、言葉や多少の文化の違いはあれ、まったく同じ人間であることが、実感として感じられる事でしょう。

　ご両親や、上の世代の方々の中には、「外国人が来る」と聞いて、思わず緊張してしまう方もいらっしゃるかもしれませんが、ぜひその時には、あなたの感じたままに、お友達の事を話して差し上げてはいかがでしょうか。そして、家族みんなで、遠来の友を歓迎して、楽しい歓談の時間を過ごされる事を願います。

第6部 韓国人を歓迎しよう

家族を紹介する時 ①

1. こちらが私の父です。

2. 父は会社員です。

3. 弟は、高校3年生です。

4. 姉はすでに結婚して、違う所にすんでいます。

5. 兄は今、札幌で一人暮しをしています。

6. 父は今会社に行っていて、もうすぐ帰ってくると思います。

7. 母は、今買い物に行っています。

8. 妹は、今学校に行っています。

9. この犬は、ポチといいます。

10. この猫は、タマといいます。

가족을 소개할 때 ①

家族を紹介する時 ①

1 이분이 저희 아버지이십니다.
   イブニ チョイ アボヂ イシンミダ

2 아버지는 회사원이세요.
   アボヂヌン フェサ ウォニセヨ

3 남동생은 고등학교 3학년이에요.
   ナムドンセン ウン ゴドゥン ハッキョ サマンニョン イエヨ

4 누나(언니)는 벌써 결혼해서 다른 곳에 살고 있어요.
   ヌナ(オンニ)ヌン ポルソ キョロネソ ダルン ゴセ サルゴ イッソヨ

5 형은(오빠는) 지금 삿뽀로에서 혼자 살고 있어요.
   ヒョンウン(オッパヌン) チグム サッポロ エソ ホンヂャ サルゴ イッソヨ

6 아버지께서는 지금 회사에 계신데 곧 돌아오실 겁니다.
   アボヂ ケソヌン チグム フェサエ ゲシンデ コッ トラオシル ゴンミダ

7 어머니께서는 지금 쇼핑하러 가셨어요.
   オモニ ケソヌン チグム ショッピン ハロ ガシッョソヨ

8 여동생은 지금 학교에 갔어요.
   ヨドンセン ウン チグム ハッキョエ ガッソヨ

9 이 개는 포치라고 불러요.
   イ ゲヌン ポチ ラゴ ブルロヨ

10 이 고양이는 타마라고 불러요.
   イ ゴヤンイ ヌン タマ ラゴ ブルロヨ

家族を紹介する時 ②

11　私達は、ここに5人で暮らしています。

12　母は、とても料理が上手なんですよ。

13　姉は、私と違って、とてもおとなしい性格です。

14　父の故郷は、徳島です。

15　私は、父と似てるでしょう。

16　父と私は、毎朝一緒にジョギングをしています。

17　週末には、家族みんなで食事をしに行きます。

18　時々、ピクニックにも行きます。

19　私の家族は、とても仲が良いんですよ。

20　私達は、いつもこうして、みんなで食事をします。

가족을 소개할 때 ②

家族を紹介する時 ②

11 저희들은 여기서 5명이 살고 있어요.
チョイ ドゥルン ヨギソ タソン ミョンイ サルゴ イッソヨ

12 어머니는 요리를 아주 잘 하세요.
オモニ ヌン ヨリルル アヂュ ヂャラセヨ

13 누나(언니)는 저와는 달리 매우 어른스러운 성격이에요.
ヌナ(オンニ)ヌン チョワヌン ダルリ メウ オルン スロウン ソンキョギエヨ

14 아버지의 고향은 도쿠시마예요.
アボヂエ ゴヒャンウン トクシマ エヨ

15 저는 아버지와 닮았지요?
チョヌン アボヂワ タルマッチョ

16 아버지와 저는 매일 아침 함께 조깅을 해요.
アボヂワ チョヌン メイル アッチム ハムケ ヂョギンウル ヘヨ

17 주말에는 가족 모두 식사를 하러 가요.
チュマレヌン ガヂョク モドゥ シクサルル ハロガヨ

18 가끔 피크닉도 가요.
カックム ピクニックド ガヨ

19 저희 가족은 매우 사이가 좋아요.
チョイ ガヂョグン メウ サイガ チョアヨ

20 저희들은 늘 이렇게 모두 같이 식사를 해요.
チョイ ドゥルン ヌウル イロッケ モドゥ ガッチ シクサルル ヘヨ

第6部 韓国人を歓迎しよう 133

リラックスさせてあげたい時

どうぞ、楽にしてください。

편히 계세요.

ピョニ ゲセヨ

あ、足が…

単語

リラックス	릴랙스 (リルレクス)	テレビ	텔레비전 (テルレビヂョン)
荷物	짐 (チム)	音楽	음악 (ウマヶ)
冷房	냉방 (ネンバン)	お菓子	과자 (クァヂャ)
暖房	난방 (ナンバン)	煙草	담배 (タンベ)
扇風機	선풍기 (ソンプンギ)	灰皿	재떨이 (チェットリ)
こたつ	코다쯔 (コタツ)		

リラックスさせてあげたい時

アドバイス

　自分の部屋なら、いくらでもリラックスさせてあげて、仲良く過ごす事ができるのではないでしょうか。写真のアルバムを見たり、音楽を聞いたり、あるいは日本の漫画は韓国でもとても人気が高いですから、漫画を話題に、話に花を咲かせる事もできると思います。

　お互いの言葉を教え合っても楽しいでしょうし、日本のお菓子を食べながら、家にある和風な物を見せてあげても喜ばれるかもしれません。

　女の子なら、着物や浴衣があれば着せてあげるのも良いのではないでしょうか。楽しく、創意工夫を凝らして、喜んでもらい、大いに打ち解けられるといいですね。

第6部 韓国人を歓迎しよう　135

リラックスさせてあげたい時

1. どうぞ、楽にしてください。
2. 自分の家だと思って、くつろいでください。
3. 荷物はこちらにどうぞ。
4. 暑く(寒く)ないですか。
5. エアコン(扇風機・暖房)をつけましょうか。
6. テレビでもご覧になりますか。
7. 音楽でも聞きましょうか。
8. お菓子でも食べましょうか。
9. 灰皿、お使いになりますか。
10. トイレはこちらです。

편하게 해줄 때

リラックスさせてあげたい時

1. 편히 계세요.
   ピョニ ゲセヨ

2. 내 집이다 생각하시고 편안하게 쉬세요.
   ネ ヂビダ センガカシゴ ピョナナグ シセヨ

3. 짐은 이쪽에 놓으세요.
   チムン イッチョゲ ノウセヨ

4. 덥지(춥지) 않으세요?
   トプチ(チュプチ) アヌセヨ

5. 에어컨을(선풍기를·난방을) 틀까요?
   エオコヌル(ソンプンギルル·ナンバンウル) ドゥルカヨ

6. 텔레비전이라도 보시겠어요?
   テルレビ ヂョニラド ボシゲッソヨ

7. 음악이라도 들을까요?
   ウマギラド トゥルルカヨ

8. 과자라도 먹을까요?
   クァヂャ ラド モグルカヨ

9. 재떨이 필요하세요?
   チェットリ ピリョ ハセヨ

10. 화장실은 이쪽이에요.
    ファヂャン シルン イッチョギエヨ

第6部 韓国人を歓迎しよう 137

食事をもてなす時

たくさん召し上がってください。

많이 드세요.

マニ ドゥセヨ

単語

準備	준비 (チュンビ)	コーラ	콜라 (コルラ)
ごはん	밥 (パプ)	ジュース	주스 (チュス)
おかず	반찬 (パンチャン)	果物	과일 (クァイル)
味噌汁	된장국 (テンヂャングゥ)	デザート	디저트 (ディヂョトゥ)
漬け物	절임 (チョリム)	おつまみ	안주 (アンヂュ)
コーヒー	커피 (コピ)	濃い	진하다 (ヂナダ)
紅茶	홍차 (ホンチャ)	薄い	싱겁다 (シンゴプタ)
緑茶	녹차 (ノクチャ)		

アドバイス

韓国では、食事のマナーも日本とは少し違います。その内のいくつかを挙げてみましょう。日本では、同じ料理でも、一人一人、それぞれのお皿に盛り付けますし、大皿に盛る場合でも、取り皿と取り箸を用意します。しかし韓国の家庭では、大抵、一つの器をみなでつつきながら食べる事が多いと言えます。

また、韓国の人々は、ご飯茶碗は置いたまま食べます。これは日本と全く逆と言えるでしょう。日本の食事のマナーは一つの文化として紹介しつつ、韓国流の食事の作法も尊重してあげる事が大切でしょう（詳しくは付録「韓国人と親しくなるためのマナー」295ページを参照）。

食事をもてなす時

1　食事の準備ができましたよ。

2　たいしたものはありませんが、たくさんどうぞ。

3　お口に合うかわかりませんが。

4　もっと召し上がりますか。

5　たくさん準備しましたから、どんどん召し上がってください。

6　味は濃く(薄く)ないですか。

7　お口に合いますか。

8　これは、すき焼きという食べ物です。

9　お腹はいっぱいになりましたか。

10　コーヒー(紅茶・緑茶・コーラ・ジュース・果物)でもいかがですか。

식사를 대접할 때

食事をもてなす時

1 식사 준비가 다 되었어요.
シクサ ヂュンビガ タ テオッソヨ

2 차린 것은 없지만 많이 드세요.
チャリン ゴスン オプチマン マニ ドゥセヨ

3 입맛에 맞으실지 모르겠습니다만.
インマセ マヂュシルチ モルゲッ スンミダマン

4 더 드시겠어요?
ト ドゥシゲッソヨ

5 많이 준비했으니까 많이 드세요.
マニ ヂュンビ ヘッスニカ マニ トゥセヨ

6 맛이 진하지(싱겁지) 않으세요?
マシ ヂナヂ(シンゴプチ) アヌセヨ

7 입맛에 맞으세요?
インマセ マヂュセヨ

8 이것은 스키야키라고 하는 음식이에요.
イゴスン スキヤキラゴ ハヌン ウムシギエヨ

9 배부르세요?
ペブルセヨ

10 커피(홍차·녹차·콜라·주스·과일이)라도 드시겠어요?
コピ(ホンチャ·ノクチャ·コルラ·ヂュス·クァイリ)ラド ドゥシゲッソヨ

第6部 韓国人を歓迎しよう 141

お土産をもらった時

お気を遣っていただいて、ありがとうございます。

신경 써 주셔서 감사합니다.

シンギョン ソ ヂュショソ カムサ ハンミダ

単語

お土産	선물(토산물) ソンムル(トサンムル)
宝物	보물 ポムル
すてき	멋지다 モッチダ
すばらしい	훌륭하다 フルリュン ハダ
きれい	예쁘다 イェップダ
大切に	소중히 ソヂュンヒ
つまらない物	보잘 것 없는 것(약소한 것) ポヂャル ゴッ オムヌン ゴッ(ヤクソハン ゴッ)

アドバイス

 だいぶ柔軟になってきたとはいえ、日本では贈り物をもらった際、すぐには開けないのが礼儀だったりしますが、韓国ではたいてい、その場で開けてしまいます。ですから、何かもらった場合には、その場で「開けてもいいですか？」と聞き、開けてみたほうが、きっと喜ばれます。また、自分があげた際、すぐに開封されても「失礼だ」などとは思う必要はありません。

お土産をもらった時

1. どうもありがとうございます。
2. そんな、気を遣っていただかなくてもいいのに。
3. 開けてみてもいいですか。
4. わあ、素敵ですね。
5. 大切にします。
6. 私からも、贈り物があります。
7. つまらないものですが、お受け取りください。
8. どうぞ、開けてみてください。
9. 私の心をこめた贈り物です。
10. すみません。私は何も準備できませんでした。

선물을 받았을 때

お土産をもらった時

1. 정말 감사합니다.
   チョンマル カムサ ハンミダ

2. 그렇게 신경 써 주지 않으셔도 되는데.
   クロッケ シンギョン ソ ヂュヂ アヌショド テヌンデ

3. 열어 봐도 될까요?
   ヨロバド テルカヨ

4. 와, 멋지네요.
   ワァ モッチネヨ

5. 소중히 간직할게요.
   ソヂュンヒ カンヂッカルケヨ

6. 저도 선물이 있어요.
   チョド ソンムリ イッソヨ

7. 약소한 것이지만 받아 주세요.
   ヤクソハン ゴシヂマン バダ ヂュセヨ

8. 열어 보세요.
   ヨロ ボセヨ

9. 제 마음을 담은 선물이에요.
   チェ マウムル ダムン ソンムリエヨ

10. 죄송합니다. 저는 아무 것도 준비하지 못했어요.
    チェソン ハンミダ チョヌン アムゴット ヂュンビ ハヂ モッテッソヨ

見送る時

今日は本当に楽しかったです。

오늘 정말 즐거웠습니다.

オヌル チョンマル ヂュルゴ ウォッスンミダ

> ひそかに俺が一番楽しかったかも。

単語

車	차 / チャ	コート	코트 / コトゥ
タクシー	택시 / テクシ	マフラー	목도리 / モクトリ
終電	막차 / マクチャ	手袋	장갑 / チャンガプ
始発	첫차 / チョッチャ	風邪	감기 / カムギ

見送る時

アドバイス

　第1部の「あいさつ」のところでも紹介しましたが、韓国語の「さようなら」には二種類あります。具体的には、相手がその場を立ち去る時には、「アンニョンヒ　ガセヨ」、自分がその場から去り、相手が残る場合は「アンニョンヒ　ゲセヨ」となります。ですからこの場合は前者を使うことになります。直訳するとそれぞれ、「無事でお行きくださいね」「無事でいらっしゃってくださいね」という風になります。そうした心をこめて、使ってみてください。

第6部　韓国人を歓迎しよう

見送る時 ①

1 もう少しゆっくりしていってください。

2 楽しんでいただけたか分かりませんが。

3 楽しんでいただけましたか。

4 何もおかまいできなくて、すみません。

5 キムさんが来てくださって、私も本当に楽しかったです。

6 ぜひまたいらしてください。

7 お気軽に何度でもいらしてくださいね。

8 次にいらした時には、私の家族も紹介しますね。

9 もし、行きたい所があれば、言ってくださいね。

10 駅までお送りしますよ。

배웅할 때 ①

見送る時 ①

1 좀 더 놀다 가세요.
チョム ド ノルダ ガセヨ

2 재미있으셨는지 모르겠어요.
チェミ イッス ションヌンヂ モルゲッソヨ

3 재미있으셨어요?
チェミ イッス ションソヨ

4 대접이 변변치 못해서 죄송해요.
テヂョビ ピョンビョンチ モッテソ チェソンヘヨ

5 김수진 씨가 와 주셔서 저도 정말 재미있었어요.
キムスジン シガ ワヂュショソ チョド チョンマル チェミ イッソッソヨ

6 꼭 또 오세요.
コォック トォ オセヨ

7 부담 갖지 마시고 자주 오세요.
プダム ガッチ マシゴ ヂャヂュ オセヨ

8 다음에 오실 때는 저희 가족들도 소개할게요.
タウメ オシル テヌン チョイ ガヂョク ドゥルド ソゲ ハルケヨ

9 혹시 가고 싶은 곳이 있으시면 말씀해 주세요.
ホクシ ガゴ シップン ゴシ イッスシミョン マルスム ヘヂュセヨ

10 역까지 배웅해 드릴게요.
ヨッカヂ ベウンヘ ドゥリルケヨ

第6部 韓国人を歓迎しよう 149

見送る時 ②

11　駅(家・寮・ホテル)まで、車でお送りしますよ。

12　外は寒いので、風邪をひかないように気をつけてください。

13　もし寒ければ、私のコートをお貸しましょうか。

14　雨が降っていますから、この傘を使ってください。

15　もし終電に間に合わなかったら、電話してください。

16　また連絡します。

17　また明日お会いしましょう。

18　気をつけてお帰りください。

19　帰られたら、電話してください。

20　さようなら。

배웅할 때 ②

11 역(집 · 기숙사 · 호텔)까지 차로 모셔다 드릴게요.
ヨクチブ・キスクサ・ホテル)カヂ チャロ モショダ ドゥリルケヨ

12 밖은 추우니까 감기 걸리지 않게 조심하세요.
パックン チュウニカ ガムギ ゴルリヂ アンケ チョシマセヨ

13 추우시면 제 코트를 빌려 드릴까요?
チュウシミョン チェ コトゥルル ピルリョ ドゥリルカヨ

14 비가 오니까 이 우산을 쓰세요.
ピガ オニカ イ ウサヌル スセヨ

15 막차를 타지 못하시면 전화해 주세요.
マクチャルル タヂ モッタシミョン ヂョナ ヘヂュセヨ

16 또 연락할게요.
トオ ヨルラク ハルケヨ

17 내일 또 봬요.
ネイル トオ ベヨ

18 조심해서 들어가세요.
チョシメソ ドゥロ ガセヨ

19 도착하시면 전화해 주세요.
トチャッ カシミョン ヂョナ ヘヂュセヨ

20 안녕히 가세요.
アンニョンヒ ガセヨ

第6部 韓国人を歓迎しよう 151

第7部
韓国人のところに遊びに行こう

ホテルを訪れる時

その他の宿所を訪れる時

食事をごちそうになった時

帰る時のあいさつの言葉

ホテルを訪れる時

素敵なお部屋ですね。

멋진 방이네요.

モッチン　バンイネヨ

単語

チェックイン	체크인 チェックイン	名前	이름 イルム
チェックアウト	체크아웃 チェックアウッ	位置	위치 ウィチ
ロビー	로비 ロビ	景色	경치 キョンチ
フロント	프론트 プロントゥ	便利	편리 ピョルリ
ルームナンバー	방번호 パンボノ	不便	불편 プルピョン
ルームサービス	룸서비스 ルムソビス	滞在	체재 チェヂェ

ホテルを訪れる時

アドバイス

韓国のホテルには、日本語を話せるスタッフが数多くいます。中には、部屋のいたるところに日本語での案内が備え付けられていて、思わずここは日本ではないかと見まがうほどのホテルもあります。ですから、ある程度の規模のホテルに泊まれば、言葉の面で不自由をする事はほとんどないと言ってもいいでしょう。しかし、日本の中で韓国語を話せる従業員がいるホテルというのはごく少数でしょう。

若者の場合、日本よりも比較的、韓国の人々は英語が堪能な人が多いですから、全く意思の疎通ができずに困る、という事はあまりないとは思いますが、ひょっとするとあなたの友達も、言葉の面で不便な思いをしているかもしれません。

こちらも決して韓国語が上手ではないかもしれませんが、親身になってきいてくれる人がいるだけで、ずいぶん助かるのではないでしょうか。

第7部 韓国人のところに遊びに行こう

ホテルを訪れる時

1 明日、ホテルに伺ってもよろしいですか。

2 お疲れのところ、失礼になりませんか。

3 ホテルの名前(位置・電話番号・ルームナンバー)を教えていただけますか。

4 3時に、上野駅の4番出口まで、迎えに来ていただけませんか。

5 お邪魔します。

6 良いお部屋ですね。

7 景色がとてもいいですね。

8 私まで、旅行に来たような気分です。

9 何か不便な事はありませんか。

10 いつまでここに滞在される予定ですか。

호텔을 방문할 때

ホテルを訪れる時

1 내일 호텔을 방문해도 되겠습니까?
ネイル ホテルル パンムン ヘド デゲッスンミカ

2 피곤하실 텐데 실례가 되진 않겠습니까?
ピゴナシル テンデ シルレガ デヂン アンケッスンミカ

3 호텔 이름을(위치를·전화번호를·방번호를) 가르쳐 주실래요?
ホテル イルムル(ウィチルル・チョナ ボノルル・バンボノルル) ガルチョヂュシルレヨ

4 3시에 우에노역의 4번출구로 마중 나와 주지 않으시겠어요?
セシエ ウエノヨグ サボンチュルグロ マヂュン ナワヂュヂ アヌシ ゲッソヨ

5 실례하겠습니다.
シルレ ハゲッスンミダ

6 좋은 방이네요.
チョウン バンイネヨ

7 경치가 참 좋네요.
キョンチガ チャム ヂョンネヨ

8 저까지 여행온 것 같은 기분이에요.
チョッカヂ ヨヘン オン ゴッ ガットゥン ギブニエヨ

9 지내시는데 불편하신 점은 없으세요?
チネシヌンデ ブルピョナシン チョムン オプスセヨ

10 언제까지 여기에서 지내실 예정이세요?
オンヂェ カヂ ヨギエソ チネシル イェヂョン イセヨ

第7部 韓国人のところに遊びに行こう 157

その他の宿所を訪れる時

今度、イさんのお宅に伺ってもよろしいですか。

다음에 이한수 씨 댁에 가도 되겠습니까?

タウメ イハンス シ デゲ ガド デゲッスンミカ

この人
本気だよ…

単語

宿所	숙소 スクソ	朝	아침 アッチム
社宅	사택 サテク	昼	점심 チョムシム
お宅	댁 テク	夕方	저녁 チョニョク
アパート	아파트 アパトゥ	夜	밤 パム
マンション	맨션 メンション	お風呂	목욕탕 モギョクタン
下宿	하숙 ハスク	庭	정원 チョンウォン
今度	다음 タウム		

その他の宿所を訪れる時

アドバイス

「部屋」というのは不思議なもので、そこに住む人の性格や習慣、好みやセンスというものが実にはっきりと表れています。

特に、韓国の人が住んでいるわけですから、まだ韓国に行った事がない、韓国の文化に触れた事がないという人にとっては、とても新鮮な経験になることでしょう。

韓国の留学生達は、どちらかと言えば、友人等と共同生活をしている場合が多いですから、例えば食材などを持ち寄って「日韓料理大会」を開いてみたら、とても賑やかに、楽しく交流ができると思いますよ。

第7部 韓国人のところに遊びに行こう 159

その他の宿所を訪れる時

1 今度、イさんのお宅にお邪魔してもよろしいですか。

2 今度、アパートに伺ってもよろしいですか。

3 イさんの寮は、私も中に入る事ができますか。

4 土曜日の夕方はいかがですか。

5 前日に、もう一度お電話しますね。

6 すてきなお部屋ですね。

7 トイレはどちらですか。

8 お休みの日に、お邪魔してすいません。

9 住み心地はいかがですか。

10 これ、ちょっと見てもいいですか。

기타 숙소를 방문할 때

その他の宿所を訪れる時

1 다음에 이한수 씨 댁에 가도 되겠습니까?
タウメ イハンス シ デグ ガド デゲッスンミカ

2 다음에 아파트를 방문해도 되겠습니까?
タウメ アパトゥルル パンムン ヘド デゲッスンミカ

3 이한수 씨의 기숙사에 저도 들어갈 수 있어요?
イハンス シエ キスクサエ チョド ドゥロ ガルス イッソヨ

4 토요일 저녁은 어떠세요?
トヨイル チョニョグン オットセヨ

5 전날 다시 한 번 전화 드릴게요.
チョンナル タシ ハンボン チョナ ドゥリルケヨ

6 멋진 방이네요.
モッチン パンイネヨ

7 화장실은 어디예요?
ファヂャンシルン オディエヨ

8 쉬시는 날인데 와서 죄송합니다.
シシヌン ナリンデ ワソ チェソン ハンミダ

9 사시는 데는 어떠세요?
サシヌン デヌン オットセヨ

10 이것 좀 봐도 되겠습니까?
イゴッ ヂョム バド デゲッスンミカ

第7部 韓国人のところに遊びに行こう 161

食事をごちそうになった時

料理が本当にお上手ですね。

음식을 정말 잘 하시네요.

ウムシグル チョンマル チャラシネヨ

> あたしの立場がないわ。

単語

食べ物	음식 (ウムシク)	とても	매우 (メウ)
料理	요리 (ヨリ)	やはり	역시 (ヨクシ)
調味料	조미료 (チョミリョ)	もう少し	좀 더 (チョム ド)
お水	물 (ムル)	上手	능숙하다 (ヌンスッカダ)
準備	준비 (チュンビ)	おいしい	맛있다. (マシッタ)
後片付け	정리 (チョンニ)		

食事をごちそうになった時

アドバイス

　もしかすると、お手製の韓国料理をごちそうになる機会もあるかもしれませんね。さて、韓国料理は辛いということで有名です。日本人にとって本場の韓国料理は少し辛すぎるかもしれません。もし辛いものが苦手な人は、辛いのを無理して我慢するよりは、あらかじめ「辛いものは苦手です(メウンゴスン　チャル　モンモゴヨ)」と言っておきましょう。韓国料理には辛くなくておいしいものもたくさんあります。少しずつ慣れて、そのうち辛いものもおいしく食べられるようになるはずです。

食事をごちそうになった時

1　いただきます。

2　おいしそうですね。

3　本当においしいです。

4　もう少しいただいてもよろしいですか。

5　料理がお上手ですね。

6　お水をいただけますか。

7　これは何という料理ですか。

8　ごちそうさまでした。

9　後片付けを手伝わせてください。

10　次は私がごちそうしますね。

식사를 대접받았을 때

食事をごちそうになった時

1. 잘 먹겠습니다.
   チャル モッケッスンミダ

2. 맛있어 보여요.
   マシッソ ボヨヨ

3. 정말 맛있어요.
   チョンマル マシッソヨ

4. 조금만 더 주세요.
   チョグンマン ド チュセヨ

5. 음식을 잘 하시네요.
   ウムシグル チャラシネヨ

6. 물 좀 주시겠어요?
   ムル ヂョム ヂュシゲッソヨ

7. 이것은 무슨 음식이에요?
   イゴスン ムスン ウムシギエヨ

8. 잘 먹었습니다.
   チャル モゴッスンミダ

9. 치우는 것을 도와 드릴게요.
   チウヌン ゴスル ドワ ドゥリルケヨ

10. 다음 번에는 제가 대접할게요.
    タウム ボネヌン チェガ デヂョプ ハルケヨ

第7部 韓国人のところに遊びに行こう 165

帰る時のあいさつの言葉

次は、私がご招待しますね。

다음엔 제가 초대할게요.

タウメン チェガ チョデ ハルケヨ

お母さんに料理教わらなきゃ。

単語

そろそろ	슬슬 スルスル	色々	여러가지 ヨロガヂ
どうか	부디 プディ	招待	초대 チョデ
楽しい	즐겁다 チュルゴプタ	皆様	여러분 ヨロブン
次	다음 タウム		

アドバイス

さて、楽しく過ごせたでしょうか。楽しい時間は、あっという間に過ぎるものですね。もし、ここで新たに知り合った友達がいれば、その人とも連絡先を交換しましょう。

また、帰る時に友達がホテルであれば、部屋を出てロビーまで見送りに来てくれようとした時、申し訳ないから断りたい場合には、「ありがとうございます。(部屋の外まで) 出てきて頂かなくても大丈夫です」「カムサ ハンミダ. パックロヌン アンナオショド デヨ」と言えばいいでしょう。

帰る時のあいさつの言葉

1. そろそろ失礼致します。
2. 残念ですが、そろそろ帰らなければなりません。
3. 次は、私がご招待しますね。
4. 色々と、本当にありがとうございました。
5. お食事までご馳走になってしまって恐縮です。
6. 今日は、来させていただいて、本当に良かったです。
7. とても楽しかったです。
8. お邪魔しました。
9. ご家族の皆様にも、どうかよろしくお伝えください。
10. さようなら。

돌아갈 때 인사말

帰る時のあいさつの言葉

1. 이제 가보겠습니다.
   イヂェ カボゲッスンミダ

2. 아쉽지만 이제 가야될 것 같아요.
   アシプチマン イヂェ ガヤデル ゴッ カッタヨ

3. 다음엔 제가 초대할게요.
   タウメン チェガ チョデ ハルケヨ

4. 여러모로 정말 감사했습니다.
   ヨロモロ チョンマル カムサ ヘッスンミダ

5. 식사까지 대접해 주셔서 정말 감사합니다.
   シクサカヂ デヂョペ ヂュショソ チョンマル カムサ ハンミダ

6. 오늘 불러 주셔서 정말 좋았습니다.
   オヌル ブルロ ヂュショソ チョンマル チョアッスンミダ

7. 정말 즐거웠어요.
   チョンマル チュルゴウォッソヨ

8. 실례했습니다.
   シルレ ヘッスンミダ

9. 가족분들 모두에게도 부디 안부 전해 주세요.
   カヂョク ブンドゥル モドゥ エゲド ブディ アンブ ヂョネ ヂュセヨ

10. 안녕히 계세요.
    アンニョンヒ グセヨ

第7部 韓国人のところに遊びに行こう 169

第8部

韓国人とお店で食事をしよう

お店で食事する時の基本会話表現

食べ物の好みをたずねる時

味についてたずねる時

勘定を支払う時

お店で食事する時の基本会話表現

このお店にしましょうか。

이 식당으로 들어갈까요?

イ シクタンウロ ドゥロ ガルカヨ

元祖おふくろの味

ここウマイんだよね。

何があるの？

単語

肉料理	고기요리 ゴギ ヨリ	焼肉	불고기 プルゴギ
魚料理	생선요리 センソン ヨリ	すき焼き	스키야키 スキヤキ
韓国料理	한국요리 ハングヶ ヨリ	しゃぶしゃぶ	샤브샤브 シャブシャブ
中華料理	중국요리 チュングヶ ヨリ	鍋料理	냄비요리 ネンビヨリ
和食	일본요리 イルボン ヨリ	牛丼	쇠고기 덮밥 スェゴギ ドプパプ
洋食	서양요리 ソヤン ヨリ	カツ丼	돈까스 덮밥 ドンカス ドプパプ
ファーストフード	패스트푸드 ペストゥプドゥ	天丼	튀김 덮밥 ティギム ドプパプ
ファミリーレストラン	패밀리레스토랑 ペミルリレストラン	お好み焼き	오코노미야끼 (일본식 전) オコノミヤキ(イルボンシヶ チョン)
寿司	초밥 チョバプ	ピザ	피자 ピチャ
天ぷら	튀김 トゥィギム	パスタ	파스타 パスタ
ラーメン	라면 ラミョン	ハンバーガー	햄버거 ヘンボゴ

アドバイス

韓国では、特に最近、和食のお店が増えています。また、「うどん」「おでん」「とんかつ」等は、このままの名称で使われています。しかし、やはり日本のものとは違うふうにアレンジされている場合が多いですから、それらの「オリジナル」を一緒に食べてみるのもいいかもしれません。

お店で食事する時の基本会話表現

1. お腹は空いていませんか。
2. 食事をしに行きましょうか。
3. 何か食べたい物はありますか。
4. 日本料理の中で、召し上がった事がある物はありますか。
5. このお店は、しゃぶしゃぶが有名です。
6. 何にされますか。
7. 私は、この料理がおすすめです。
8. これはお好み焼きです。
9. どうぞお召し上がりください。
10. いただきます。

식당에서 식사할 때의 기본회화표현

お店で食事する時の基本会話表現

1 배고프지 않으세요?
ペゴップヂ アヌセヨ

2 식사하러 가실래요?
シクサ ハロ ガシルレヨ

3 뭔가 드시고 싶은 것이 있으세요?
ムォンガ ドゥシゴ シップン ゴシ イッスセヨ

4 일본요리 중에서 드셔 본 것이 있으세요?
イルボン ヨリ ヂュンエソ ドゥショボン ゴシ イッスセヨ

5 이 가게는 샤브샤브가 유명해요.
イ ガゲヌン シャブシャブガ ユミョン ヘヨ

6 무엇을 드시겠어요?
ムオスル トゥシゲッソヨ

7 저는 이 음식을 권해 드리고 싶어요.
チョヌン イ ウムシグル クォネ ドゥリゴ シッポヨ

8 이것은 오코노미야키입니다.
イゴスン オコノミヤキ インミダ

9 자아, 드세요.
ジャア トゥセヨ

10 잘 먹겠습니다.
チャル モッケッスンミダ

第8部 韓国人とお店で食事をしよう 175

食べ物の好みをたずねる時

どんな料理が好きですか。

어떤 음식을 좋아하세요?

オットン　ウムシグル　ヂョアハセヨ

単語

肉	고기 (コギ)		口に合う	입맛에 맞다 (インマセ マッタ)
牛肉	쇠고기 (スェゴギ)		口に合わない	입맛에 맞지 않다 (インマセ マッチアンタ)
豚肉	돼지고기 (テヂゴギ)		好きだ	좋아하다 (チョアハダ)
鶏肉	닭고기 (タッコギ)		嫌いだ	싫어하다 (シロハダ)
魚	생선 (センソン)		好み	기호 (キホ)
野菜	야채 (ヤチェ)		苦手	싫어함(질색) (シロハム(チルセク))
玉子	계란 (ケラン)			

食べ物の好みをたずねる時

アドバイス

　前にも述べましたが、韓国の人は一般的に、油濃いものが苦手な人が多いと言えます。外国を訪れた時に、もっとも大きな楽しみの一つは、やはり食べ物です。お腹の調子がくずれてしまっては、とてもかわいそうな思いをさせてしまう事になりますから、好きな物と同時に、苦手なもの、食べられない物がないか聞いてあげる事をおすすめします。

第8部 韓国人とお店で食事をしよう

食べ物の好みをたずねる時

1 どんな料理が好きですか。

2 何か苦手な食べ物はありますか。

3 和食の中で、何が一番お好きですか。

4 お肉は好きですか。

5 甘いものはお好きですか。

6 お口に合いますか。

7 この中では、どれがおいしいですか。

8 さっぱりしたものがお好きなんですね。

9 これはどうですか。

10 お好みに合わせて、調味料を加えてください。

음식의 기호를 물을 때

식べ物の好みをたずねる時

1 어떤 음식을 좋아하세요?
オットン ウムシグル チョアハセヨ

2 뭔가 싫어하시는 음식 있으세요?
ムォンガ シロハシヌン ウムシク イッセヨ

3 일본요리 중에서 무엇을 제일 좋아하세요?
イルボン ヨリ ヂュンエソ ムオスル ヂェイル チョアハセヨ

4 고기를 좋아하세요?
コギルル チョアハセヨ

5 단 것을 좋아하세요?
タン ゴスル チョアハセヨ

6 입맛에 맞으세요?
インマセ マヂュセヨ

7 이 중에서 어떤 것이 맛있으세요?
イ ヂュンエソ オットン ゴシ マシッスセヨ

8 담백한 것을 좋아하시는군요.
タンベッカン ゴスル チョアハシヌングンヨ

9 이건 어떠세요?
イゴン オットセヨ

10 취향에 맞게 조미료를 넣으세요.
チヒャンエ マッケ ヂョミリョルル ノウセヨ

第8部 韓国人とお店で食事をしよう 179

味についてたずねる時

味はいかがですか。

맛이 어떠세요?

マシ　オットセヨ

単語

まずい	맛없다 (マドプタ)	塩辛い	짜다 (チャダ)	熱い	뜨겁다 (トゥゴプタ)
辛い	맵다 (メプタ)	さっぱり	담백한 (タンベッカン)	冷たい	차갑다 (チャガプタ)
甘い	달다 (タルダ)	あっさり	산뜻하게 (サントゥッタゲ)	独特	독특 (トクトゥク)
苦い	쓰다 (スダ)	こってり	진한 (チナン)	くせになる味	자꾸 먹고 싶어지는 맛 (チャック モッコ シッポヂヌン マッ)
すっぱい	시다 (シダ)	脂っこい	기름지다 (キルムヂダ)		

アドバイス

　日本人はどうも、はっきりと答えるのが苦手なようです。もし多少辛かったり、口に合わなくても、味についてきかれると、「おいしいです」と答えてしまう事が多くないでしょうか。こういう場合には、質問する側としては正直に答えてくれたほうが良いのでしょうが、なかなかそうはできないものです。

　韓国の人の場合は、大部分、日本人よりもストレートに答えてくれると思います。もちろん、良い答えを期待したいところですが、果たして、気に入ってくれるでしょうか。

　日本語でも、文字として書くと同じ文章でも、語尾の抑揚によって意味が変わるものがあります。そこで、この章のような場面で使える表現を一つ紹介しましょう。

「マシッソヨ↘」(語尾を下げる)　「おいしいです。」
「マシッソヨ？↗」(語尾を上げる)　「おいしいですか。」

味についてたずねる時

1 味はいかがですか。

2 脂っこく(うすく・濃く)ないですか。

3 これを入れてみてください。おいしいですよ。

4 冷めないうちに、召し上がってください。

5 熱いので、気をつけて召し上がってください。

6 これにつけて召し上がってください。

7 これは、傷んでいるようなので、召し上がらないでください。

8 これはとてもすっぱいですよ。

9 独特な味でしょう。

10 本当においしいですね。

맛에 대하여 물을 때

味についてたずねる時

1. 맛이 어떠세요?
   マシ オットセヨ

2. 느끼하지(싱겁지, 진하지) 않으세요?
   ヌッキハヂ(シンゴプチ ヂナヂ) アヌセヨ

3. 이걸 넣어 보세요. 맛있어요.
   イゴル ノオ ボセヨ マシッソヨ

4. 식기 전에 드세요.
   シッキ ヂョネ ドゥセヨ

5. 뜨거우니까 조심해서 드세요.
   トゥゴウニカ チョシメソ ドゥセヨ

6. 여기에 찍어서 드세요.
   ヨギエ チゴソ トゥセヨ

7. 이건 상한 것 같으니까 드시지 마세요.
   イゴン サンハンゴッ ガットゥニカ トゥシヂ マセヨ

8. 이건 굉장히 시네요.
   イゴン ケンヂャンイ シネヨ

9. 독특한 맛이죠?
   トクトゥッカン マシジョ

10. 정말 맛있네요.
    チョンマル マシンネヨ

第8部 韓国人とお店で食事をしよう 183

勘定を支払う時

ここは私に出させてください。

여기는 제가 계산하겠습니다.

ヨギヌン　チェガ　ケサン　ハゲッスンミダ

単語

勘定	지불 チブル	紙幣	지폐 ヂペ
値段	가격 カギョク	おつり	거스름돈 コスルム ドン
物価	물가 ムルカ	レシート	영수증 ヨンスヂュン
税金	세금 セグム	クレジットカード	신용카드 シニョン カドゥ
消費税	소비세 ソビセ	一括払い	일시불 イルシブル
割り勘	더치페이 トチペイ	分割払い	분할지불 プナル ヂブル
小銭	잔돈 チャンドン		

アドバイス

　日本では、友達同士で食事をした時、たいてい割り勘をしますが、韓国人はあまり好みません。先輩・後輩ならば先輩が、男性と女性であれば男性が出す場合がほとんどです。

　対等な関係であれば、その時にお金のあるほう、あるいは最初に一人が払ったら、その後にお茶を飲む時などにもう一人が払う、というケースをよく見受けます。

　ですからもしも先に払われてしまったら、自分の分のお金を渡すよりも、「次は私が払いますね」「タウメヌン　チェガ　サルケヨ」と言って、次の機会に払うように心がけるといいでしょう。

勘定を支払う時

1. 私に出させてください。

2. これは、税金も含まれた値段です。

3. 割り勘でもいいですか。

4. 全部で2,400円です。

5. 韓国の物価に比べてどうですか。

6. 一人1,200円です。

7. 小銭はありますか。

8. おつりの320円です。

9. レシートを確認してください。

10. じゃあ、行きましょうか。

계산할 때

勘定を支払う時

1. 제가 계산하겠습니다.
   チェガ ケサン ハゲッスンミダ

2. 이건 세금이 포함된 가격이에요.
   イゴン セグミ ポハムデン カギョギエヨ

3. 더치페이 할까요?
   トチペイ ハルカヨ

4. 전부 2,400 엔입니다.
   チョンブ イチョンサベグニンニムダ

5. 한국의 물가에 비해서 어때요?
   ハングゲ ムルカエ ピヘソ オッテヨ

6. 일인당 1,200 엔입니다.
   イリンダン チョニベグニンニムダ

7. 잔돈 있으세요?
   チャンドン イッスセヨ

8. 거스름돈 320 엔입니다.
   コスルムドン サムベックイシベニンニムダ

9. 영수증을 확인해 주세요.
   ヨンスヂュンウル ファギネ ヂュセヨ

10. 자, 갈까요?
    チャ カルカヨ

第8部 韓国人とお店で食事をしよう 187

第9部

韓国人と交通機関を使って出かけよう

- バスを利用する時
- タクシーを利用する時
- 電車を利用する時

バスを利用する時

日本のバスは、時刻表があります。

일본의 버스는 시간표가 있습니다.

イルボネ　ポスヌン　シガンピョォガ　イッスンミダ

単語

バス	버스 ポス	先払い	선불 ソンブル
バス停	버스정류장 ポス チョンニュヂャン	後払い	후불 フブル
時刻表	시간표 シガンピョォ	ドア	문 ムン
整理券	정리권 チョンニ クォン	席	자리 チャリ
回数券	회수권 フェス クォン	シルバーシート	경로석 キョンノソク
定期券	정기권 チョンギ クォン	つり革	손잡이 ソンヂャビ
バスカード	버스카드 ポスカドゥ	手すり	난간 ナンガン
運賃	운임 ウニム	渋滞	정체 チョンチェ

バスを利用する時

アドバイス

　韓国のバスには、面白い事に時刻表がありません。「来たバスに乗る」といった感覚です。また、「整理券」というものもありません。料金は前払いで、普通の路線バスであれば、日本円で言うと一律60円ぐらいです。韓国という国は、日常生活に不可欠な食費や交通費が、とても安いという一面があります。

　それはさておき、このいたって簡単なバスの乗り方になれている韓国の人にとっては、日本のバスのシステムはとてもややこしく感じるようです。降りる時に困らないように、乗る前にまえもって教えてあげてください。

第9部　韓国人と交通機関を使って出かけよう　191

バスを利用する時

1 運賃は250円です。

2 運賃は、降りる時に払います。

3 渋谷行きのバスに乗ります。

4 整理券をとってくださいね。

5 後の席に、一緒に座りましょう。

6 かなり揺れるので、気をつけてください。

7 韓国では、バスの運賃はいくらぐらいですか。

8 もうすぐ降りますよ。

9 バス代は、私が出しますよ。

10 お先に、ドアのところに行ってください。

버스를 이용할 때

バスを利用する時

1 운임은 250 엔입니다.
ウニムン イベッォシベニンミダ

2 운임은 내릴 때 내는 거예요.
ウニムン ネリルテ ネヌン ゴエヨ

3 시부야행 버스를 탈 거예요.
シブヤヘン ボスルル タルコエヨ

4 정리권을 끊어주세요.
チョンニ クォヌル クノヂュセヨ

5 뒷자리에 같이 앉아요.
トウィッチャリエ カッチ アンヂャヨ

6 많이 흔들릴 테니까 조심하세요.
マニ フンドゥルリル テニカ チョシマセヨ

7 한국에서는 버스요금이 얼마 정도예요?
ハングゥソヌン ボスヨグミ オルマ チョンドエヨ

8 곧 내릴 겁니다.
コッ ネリル コンミダ

9 버스요금은 제가 낼게요.
ボス ヨグムン チェガ ネルゲヨ

10 먼저 문쪽으로 나가세요.
モンヂョ ムンチョグロ ナガセヨ

第9部 韓国人と交通機関を使って出かけよう 193

タクシーを利用する時

私がタクシーをつかまえますよ。

제가 택시를 잡겠습니다.

チェガ　テクシィルル　チャプケッスンミダ

単語

タクシー	택시 テクシィ	安い	싸다 サダ	自動ドア	자동문 チャドンムン
タクシー乗り場	택시정류장 テクシィ チョンニュチャン	遠い	멀다 モルダ	運転手	운전수 ウンヂョンスゥ
個人タクシー	개인택시 ケイン テクシィ	近い	가깝다 カッカプタ	助手席	조수석 チョスソク
車種	차종 チャヂョン	楽	편안 ピョナン	後部座席	뒷좌석 トゥイッ チョアソク
割増	할증 ハルチュン	快適	쾌적 クェヂョク	トランク	트렁크 トゥロンクゥ
初乗り料金	기본요금 キボン ヨグム	便利	편리 ピョルリ	空車	빈차 ビンチャ
料金	요금 ヨグム	不便	불편 プルピョン		
高い	비싸다 ビッサダ	相乗り	합승 ハプスン		

タクシーを利用する時

アドバイス

　韓国のタクシーは、おおまかに言って2種類あります。一つは「模範タクシー」、そしてもう一つは一般タクシーです。模範タクシーというのは、運転も丁寧で、車体もゆったりとしているため、料金は一般タクシーよりも高めに設定されています。とはいっても、初乗り運賃を見てみると、一般タクシーなら日本円で約200円、模範タクシーでも約400円ぐらいですから、やはり日本よりも安いと言えます。

　ですから日本人に比べれば、韓国の人は気軽にタクシーを利用します。初めて日本に来た人とタクシーに乗ったら、自動ドアもさることながら、何より料金の高さに驚く事でしょう。

第9部　韓国人と交通機関を使って出かけよう

タクシーを利用する時

1. 少し遠いですから、タクシーで行きましょうか。
2. 私がタクシーをつかまえますよ。
3. なかなかつかまりませんね。
4. 反対側から乗らないといけません。
5. 高いですが、タクシーが楽でしょう。
6. 日本のタクシーは、車種や、会社によって、料金に少し違いがあります。
7. 日本のタクシーは、全て自動ドアです。
8. 道がずいぶん混んでいますね。
9. 日本では、相乗りをする事はありません。
10. 日本のタクシーは高いでしょう。

택시를 이용할 때

タクシーを利用する時

1. 조금 먼데 택시로 갈까요?
   チョグム モンデ テクシィロ カルカヨ

2. 제가 택시를 잡을게요.
   チェガ テクシィルル チャブルケヨ

3. 잘 안 잡히네요.
   チャル アン ヂャピネヨ

4. 반대편에서 타야 해요.
   パンデ ピョネソ タヤヘヨ

5. 비싸지만 택시가 편하죠.
   ピッサヂマン テクシィガ ピョナヂョ

6. 일본의 택시는 차종이나 회사에 따라 요금 차이가 조금 있어요.
   イルボネ テクシィヌン チャヂョン イナ フェサエ タラ ヨグム チャイガ チョグム イッソヨ

7. 일본의 택시는 전부 자동문이에요.
   イルボネ テクシィヌン ヂョンブ ヂャドン ムニエヨ

8. 길이 상당히 막히네요.
   キリ サンダンヒ マッキネヨ

9. 일본에서는 합승하는 일은 없어요.
   イルボネソヌン ハプスン ハヌン イルン オプソヨ

10. 일본의 택시는 비싸죠?
    イルボネ テクシィヌン ピッサヂョ

第9部 韓国人と交通機関を使って出かけよう 197

電車を利用する時

どうぞ、お座りください。

앉으세요.

アンヂュセヨ

二人分もあけてくれなくても…

単語

電車	전철 チョンチョル	線路	선로 ソルロ
地下鉄	지하철 チハチョル	プラットホーム	플랫폼 プルレッ ポム
特急電車(急行・快速)	특급전철(급행・쾌속) トゥックプ チョンチョル(クペン・クェソク)	待合室	대합실 テハプシル
新幹線	신칸센 シンカンセン	座席	좌석 チョアソク
切符	표 ピョ	自由席	자유석(지정석이 아닌 자리) チャユソク(チヂョンソギ アニン チャリ)
○○線	○○선 ○○ソン	喫煙席	흡연석 フビョンソク
○番線	○번선 ○ボンソン	禁煙席	금연석 クミョンソク
切符売り場	표 파는 곳 ピョ パヌンゴッ	グリーン車	특실 トゥクシル
改札口	개찰구 ケチャルグ	手すり	난간 ナンガン
出口	출구 チュルグ		

アドバイス

　ソウルには私鉄は無く、全て公営です。また地上のみを走るのは長距離列車であり、ソウル市内を巡る足となっているのは、全て地下鉄です。韓国の地下鉄はほとんどの区間は日本円にすると約60円で、一定の値段になっています。日本の地下鉄や電車は○○までは△△円という風な設定が多いので、日本語のわからない韓国人にとっては少し難しいかもしれません。ただでさえ東京などの電車、地下鉄は入り組んでいて日本人でもわかりにくい時があります。ですから、韓国人と一緒に利用する時はなるべく注意して気をつかってあげましょう。また、駅で見知らぬ韓国人がいたら、本書を使って手伝ってあげてください。

電車を利用する時

1　切符を買いましょう。

2　原宿まで行くので、190円です。

3　混んでいますね。

4　出勤、退勤時間は、とても混雑します。

5　ここは、シルバーシートです。

6　1回乗り換えます。

7　次の駅で、(丸ノ内線に)乗り換えです。

8　だいたい、20分ぐらいでつきます。

9　私の家は、新大久保駅から近いんですよ。

10　次の駅で降りましょう。

전철을 이용할 때

1. 표를 사죠.
   ピョルル サヂョ

2. 하라주쿠까지 가니까 190 엔입니다.
   ハラジュクカヂ カニカ ベグシベニンミダ

3. 혼잡하네요.
   ホンヂャッ パネヨ

4. 출퇴근 시간은 매우 혼잡해요.
   チュルテグン シガヌン メウ ホンヂャッ ペヨ

5. 여기는 경로석이에요.
   ヨギヌン キョンノ ソギエヨ

6. 한 번 갈아탑니다.
   ハンボン カラ タンミダ

7. 다음 역에서 (마루노우치선으로) 갈아탑니다.
   タウム ヨゲソ(マルノウチソヌロ) ガラ タンミダ

8. 대체로 20 분 정도 걸려요.
   テチェロ イシップン ヂョンド コルリョヨ

9. 저희 집은 신오쿠보역에서 가까워요.
   チョイ ヂブン シンオオクボ ヨゲソ ガッカウォヨ

10. 다음 역에서 내리죠.
    タウム ヨゲソ ネリヂョ

第10部

韓国人とショッピングに行こう

ショッピングをする時の基本会話表現

デパートに行く時

家電製品のお店に行く時

ショッピングをする時の基本会話表現

一緒に、ショッピングに行きませんか。

같이 쇼핑하러 가지 않으실래요?

カッチ　ショッピン　ハロ　ガヂ　アヌシルレヨ

ぜんぶ買い占めちゃおうかしら。

単語

デパート	백화점 ペックァチョム	アクセサリー	액세서리 エクセソリ
ディスカウントショップ	할인점 ハリンヂョム	貴重品	귀중품 クィヂュンプム
アウトレットモール	아울렛 몰 アウルレッモル	試着	입어봄 イポボム
市場	시장 シヂャン	現金	현금 ヒョングム
洋服	양복 ヤンポク	ATM	현금지급기 ヒョングムヂグプキ
靴	신발 シンバル		

ショッピングをする時の基本会話表現

アドバイス

　日本でも、東京の人よりも大阪の人は「値切る」事で有名ですが、韓国の人も、洋服等を買う時にも、値切る事はごく自然な事です。
　韓国で有名な「南大門市場(ナムデムン　シジャン)」や「東大門市場(トンデムン　シジャン)」では、商品に値札がついていないという光景を頻繁に見かけます。つまりお店の人とお客さんの交渉で値段が決まる訳です。
　ちなみに、「まけてください」は「カッカヂュセヨ」と言うのですが、最近は日本人があまりにも際限なくこの言葉を使うので、韓国の市場の人々も困っているようです。
　特に女性にとっては、ショッピングは大きな楽しみの一つでしょう。ぜひ一緒に、行きつけのお店に連れて行ってあげてみてはいかがでしょうか。

ショッピングをする時の基本会話表現

1. ショッピングに行きましょうか。
2. 特に何か買いたい物はありますか。
3. 人が多いので、貴重品に注意してください。
4. 気に入った物はありますか。
5. これはどうですか。
6. 試着されてみますか。
7. よく似合いますね。
8. これを買われますか。
9. カードも使えますよ。
10. ここで少し休みましょうか。

쇼핑할 때의 기본회화표현

ショッピングをする時の基本会話表現

1. 쇼핑하러 가시겠어요?
   ショッピン ハロ カシゲッソヨ

2. 특별히 사고 싶은 물건이 있으세요?
   トゥクピョリ サゴ シップン ムルゴニ イッセヨ

3. 사람이 많으니까 귀중품에 주의하세요.
   サラミ マヌニカ クィヂュンプメ チュウィ ハセヨ

4. 마음에 드시는 물건은 있으세요?
   マウメ ドゥシヌン ムルゴヌン イッセヨ

5. 이건 어떠세요?
   イゴン オットセヨ

6. 입어보시겠어요?
   イボ ボシゲッソヨ

7. 잘 어울리시네요.
   チャル オウルリシネヨ

8. 이거 사시겠어요?
   イゴ サシゲッソヨ

9. 카드도 사용할 수 있습니다.
   カドゥ ド サヨン ハルス イッスンミダ

10. 여기서 잠시 쉴까요?
    ヨギソ チャムシ シルカヨ

第10部 韓国人とショッピングに行こう 207

デパートに行く時

エレベーターに乗って行きましょう。

엘리베이터를 타고 가시죠.

エルリ　ベイトルル　タゴ　ガシヂョ

単語

エレベーター	엘리베이터 (エルリベイト)	おもちゃ	장난감 (チャンナンカム)	ブランド	브랜드 (ブレンドゥ)
エスカレーター	에스컬레이터 (エスコルレイト)	食料品	식료품 (シンニョブム)	試食	시식 (シシク)
階段	계단 (ケダン)	家具	가구 (カグ)	屋上	옥상 (オクサン)
紳士服	신사복 (シンサボク)	寝具	침구 (チムグ)	インフォメーション	안내소 (アンネソ)
婦人服	부인복 (ブインボク)	フォーマル	정장 (チョンヂャン)		
化粧品	화장품 (ファヂャンブム)	カジュアル	캐주얼 (ケヂュオル)		

デパートに行く時

アドバイス

今、韓国のソウルの若者に人気の、明洞(ミョンドン)や東大門市場(トンデムン シジャン)付近に集中しているデパート(ファッションビル)では、朝の10時から、次の日の朝5時までと、驚異的な営業時間を誇っています。ですから、それらのある、明洞や、東大門は特に週末ともなると、夜中であってもにぎやかな音楽がいたるところで鳴り響き、若者たちであふれかえっています。値段も手頃で、日本のデパートとは少し様子が違います。どちらかというと、市場に近く、大きな建物の中に小さな店が所狭しと並んでいます。もちろん日本と同じ様なデパートもありますが、やはり値段は少し高めになります。こちらは洋服や貴金属類、地下には食品街…とほとんど日本と変わりません。

第10部 韓国人とショッピングに行こう

デパートに行く時

1 ここは、三越デパートです。

2 今、バーゲン中なんですよ。

3 靴売り場は2階です。

4 特に見たいブランドなどはありますか。

5 服売り場に行ってみましょうか。

6 エレベーター(エスカレーター)に乗って行きましょう。

7 これは高い(安い)ですね。

8 このブランドは、韓国にもありますか。

9 韓国のデパートは、どんな感じですか。

10 これ、試食してみましょうか。

백화점에 갈 때

デパートに行く時

1 여기는 미츠코시 백화점입니다.
ヨギヌン ミツコシ ペックァ ヂョミンミダ

2 지금 세일 중이에요.
チグム セイル ヂュン イエヨ

3 신발매장은 2층입니다.
シンバルメヂャン ウン イチュン インミダ

4 특별히 찾으시는 브랜드라도 있으세요?
トゥクピョリ チャヂュシヌン ブレンドゥ ラド イッスセヨ

5 옷매장에 가 볼까요?
オンメヂャンエ ガ ボルカヨ

6 엘리베이터(에스컬레이터)를 타고 가시죠.
エルリ ベイト(エスコルレイト)ルル タゴ ガシヂョ

7 이건 비싸(싸)네요.
イゴン ピッサ(サ)ネヨ

8 이 브랜드는 한국에도 있나요?
イ ブレンドゥ ヌン ハンググド インナヨ

9 한국의 백화점은 어떤가요?
ハングゲ ペックァヂョムン オットンガヨ

10 이것 좀 시식해 볼까요?
イゴッ チョム シシッケ ボルカヨ

第10部 韓国人とショッピングに行こう 211

家電製品のお店に行く時

このお店が安いですよ。

이 가게가 싸요.

イ　カゲガ　サヨ

単語

家電製品	가전제품 ガチョンチェプム	ポット	보온병 ポオンビョン	予算	예산 イェサン
デジタルカメラ	디지털카메라 ディヂトルカメラ	浄水機	정수기 チョンスギ	交渉	교섭 キョソプ
ステレオ	스테레오 ステレオ	冷房器具	냉방기구 ネンバン キグ	色	색 セク
パソコン	컴퓨터 コンピュトォ	暖房器具	난방기구 ナンバン キグ	商品	상품 サンプム
ノートパソコン	노트북 ノトゥブック	携帯電話	휴대전화 ヒュデ チョヌァ	冷蔵庫	냉장고 ネンジャンゴ
ゲームソフト	게임 소프트웨어 ゲイム ソプトゥウェオ	変圧器	변압기 ピョナプキ	洗濯機	세탁기 セタクキ
電子手帳	전자수첩 チョンチャスチョプ	故障	고장 コヂャン	電子レンジ	전자렌지 ジョンザレンジ
炊飯器	전기밥솥 チョンギパプソッ	アフターサービス	애프터서비스 エプトォ ソビス		

家電製品のお店に行く時

アドバイス

　韓国からの旅行者に、東京で「行きたい所は？」と尋ねると、「秋葉原」と言う人が意外と多いのに驚かされます。目的はもちろん家電製品です。ともかく物価が高い日本ですが、家電製品やオーディオ類は、日本のほうが若干安く、日本の製品の品質には定評がありますから、ずいぶん人気が高い場所になっているようです。
　ただし、韓国と日本は電圧が違うので、変圧器(これは良い物を買いましょう)を一緒に買う事を忘れないようにしなければいけません。

家電製品のお店に行く時

1 何を買いたいですか。

2 それなら3階ですね。

3 予算はどのくらいですか。

4 これなんかどうですか。

5 これはとても安いと思いますよ。

6 これにしますか。

7 色はこれでいいですか。

8 安くできるか、交渉してみますね。

9 4千円だそうですよ。どうしますか。

10 他に見たい物はありますか。

가전제품 가게에 갈 때

家電製品のお店に行く時

1. 무엇을 사고 싶으세요?
   ムオスル サゴ シップセヨ

2. 그건 3층에 있어요.
   クゴン サムチュンエ イッソヨ

3. 예산은 어느 정도세요?
   イェサヌン オヌ ヂョンドセヨ

4. 이런 것은 어떠세요?
   イロン ゴスン オットセヨ

5. 이건 굉장히 싼 것 같아요.
   イゴン ケンヂャンイ サンゴッ ガッタヨ

6. 이걸로 하실래요?
   イゴルロ ハシルレヨ

7. 색깔은 이게 좋으세요?
   セッカルン イゲ チョウセヨ

8. 싸게 할 수 있는지 잘 이야기해 볼게요.
   サゲ ハルス インヌンヂ チャル イヤギヘ ボルケヨ

9. 4천엔이라고 합니다. 어떻게 하시겠어요?
   サチョネンイラゴ ハンミダ オットッケ ハシゲッソヨ

10. 그밖에 찾으시는 물건 있으세요?
    クバッケ チャヂュシヌン ムルゴン イッスセヨ

第10部 韓国人とショッピングに行こう 215

第11部

韓国人と遊びに行こう

- 喫茶店に行く時
- 映画館に行く時
- 居酒屋に行く時
- カラオケに行く時
- クラブ(ディスコ)に行く時

喫茶店に行く時

日本のコーヒーは、韓国に比べて、少し苦いかもしれません。

일본의 커피는 한국에 비해 조금 쓸지도 모르겠어요.

イルボネ　コピヌン　ハングゲ　ビヘ　チョグム　スルチド　モルゲッソヨ

単語

コーヒーショップ	커피숍 (コピショプ)	シロップ	시럽 (シロプ)	コップ	컵 (コプ)
アイスコーヒー	아이스커피 (アイスコピ)	砂糖	설탕 (ソルタン)	注文	주문 (チュムン)
コーヒーカップ	커피잔 (コピチャン)	ミルク	우유 (ウユ)	窓際	창가 (チャンカ)
アイスティー	아이스 티 (アイス ティ)	お茶	차 (チャ)	禁煙	금연 (グミョン)
ココア	코코아 (ココア)	氷	얼음 (オルム)	雰囲気	분위기 (プニギ)
アイスココア	아이스 코코아 (アイス ココア)	ストロー	빨대 (パルデ)		

喫茶店に行く時

アドバイス

韓国には大変多くの喫茶店があります。韓国でよく飲まれているコーヒーは独特で、とても甘い香りがします。味は比較的薄めです。日本の「アメリカンコーヒー」は日本特有のものですから、どんなものなのか教えてあげるといいでしょう。韓国も日本と同様、これまで「喫茶店」といわれてきたお店の他に、海外からの輸入店などによるカフェブームが起こっています。ですから、日本でも最近よく見かけるチェーンのカフェが韓国にもかなり増えています。そうしたカフェよりも、いわゆる「喫茶店」のコーヒーになれている韓国人にとっては、日本のコーヒーは少し濃いようです。

第11部 韓国人と遊びに行こう

喫茶店に行く時

1 ここに座りましょうか。

2 外の景色がよく見えますから、窓際に座りましょうか。

3 私は、よくここに来るんですよ。

4 ここは、セルフサービスのようですね(禁煙のようですね)。

5 何を注文されますか。

6 簡単な食事もできますよ。

7 これがおいしいと思いますよ。

8 ここは雰囲気がいいですね。

9 韓国のコーヒーショップは、どんな感じですか。

10 コーヒーの香りがいいですね。

커피숍에 갈 때

喫茶店に行く時

1 여기 앉을까요?
ヨギ アンヂュルカヨ

2 바깥 경치가 잘 보이는 창가에 앉을까요?
パッカッ ギョンチガ チャル ボイヌン チャンカエ アンヂュルカヨ

3 저는 여기 자주 와요.
チョヌン ヨギ チャヂュ ワヨ

4 여기는 셀프서비스인 것 같네요(금연인 것 같네요).
ヨギヌン セルプ ソビス インゴッ ガンネヨ(グミョニン ゴッ ガンネヨ)

5 무엇을 주문하시겠어요?
ムオスル ヂュムン ハシゲッソヨ

6 간단한 식사도 됩니다.
カンタナン シクサド デンミダ

7 이게 맛있을 것 같아요.
イゲ マシッスルゴッ ガッタヨ

8 여기는 분위기가 좋네요.
ヨギヌン プニギガ チョンネヨ

9 한국의 커피숍은 어떤가요?
ハングゲ コピショブン オットンガヨ

10 커피 향이 좋네요.
コピ ヒャンイ チョンネヨ

第11部 韓国人と遊びに行こう 221

映画館に行く時

どの映画が面白そうですか。

어느 영화가 재미있을 것 같아요?

オヌ　ヨンファガ　ヂェミ　イッスルゴッ　ガッタヨ

恐怖の館
愛の物語
トトル

全部見たいー

一回分のお金しかもってないんだけど…

単語

映画	영화 (ヨンファ)	ポップコーン	팝콘 (パプコン)	ホラー映画	공포영화 (コンポ ヨンファ)
映画館	영화관 (ヨンファ グァン)	座席	좌석 (チョァソク)	俳優	배우 (ペウ)
チケット	티켓 (ティケッ)	指定席	지정석 (チヂョンソク)	女優	여배우 (ヨベウ)
前売り券	예매권 (イェメクォン)	ストーリー	스토리 (ストォリ)	字幕	자막 (チャマク)
予約	예약 (イェヤク)	ラブストーリー	러브스토리 (ロブストォリ)	吹き替え	더빙 (ドビン)
パンフレット	팜플렛 (パンプルレッ)	アクション映画	액션영화 (エクション ヨンファ)	方言	사투리 (サトゥリ)

アドバイス

　数年前、韓国では岩井俊二監督、中山美穂主演の「Love Letter」が大きな話題を呼び、若者の間で、日本映画といえば「Love Letter」というくらい深く浸透しています。日本語を勉強した事はなくても、「Love Letter」の中に出てくる「お元気ですか？」という言葉だけは知っている、という若者が数多くいるほどです。最近は「となりのトトロ」や日韓共同制作の映画などが次々に公開されており、日本映画が、より韓国人にとって身近なものになりつつあります。日本でも「シュリ」の大ヒットを皮切りに、韓国映画への関心も高まってきており、大きな映画館でも韓国映画を上映するようになってきました。ですから、韓国人と一緒に韓国映画を見に行くというのもいいかもしれませんね。

映画館に行く時

1 どんな映画を見ましょうか。

2 ホラー映画は好きですか。

3 あの映画、面白そうですね。

4 この映画を見ましょうか。

5 私が、前売り券を買っておきますよ。

6 ここは、私に出させてください。

7 ポップコーンや、コーラはいかがですか。

8 ここに座りましょうか。

9 日本の俳優(映画)の中で、知っている人(作品)はいますか(ありますか)。

10 退屈じゃなかったですか。

영화관에 갈 때

영화관에 갈 때

1 어떤 영화를 볼까요?
オットン ヨンファルル ボルカヨ

2 공포영화 좋아하세요?
コンポ ヨンファ チョアハセヨ

3 저 영화 재미있을 것 같네요.
チョ ヨンファ ヂェミ イッスルゴッ ガンネヨ

4 이 영화를 볼까요?
イ ヨンファルル ボルカヨ

5 제가 예매해 두겠습니다.
チェガ イェメ ヘ ドゥゲッスンミダ

6 여기는 제가 내겠습니다.
ヨギヌン チェガ ネゲッスンミダ

7 팝콘이나 콜라 드실래요?
パプコニナ コルラ ドゥシルレヨ

8 여기 앉을까요?
ヨギ アンヂュルカヨ

9 일본의 배우(영화) 중에서 아는 사람(작품)이 있으세요?
イルボネ ベウ(ヨンファ)ヂュンエソ アヌン サラミ(チャクプミ) イッスセヨ

10 지루하진 않으셨어요?
チルハヂン アヌショッソヨ

第11部 韓国人と遊びに行こう 225

居酒屋に行く時

わあ、お酒強いですね。

와, 술 세시네요.

ワァ スル セシネヨ

単語

居酒屋	술집 (スルチプ)	生ビール	생맥주 (センメクチュ)	煙草	담배 (タンベ)
ビアホール	맥주집 (メクチュチプ)	ワイン	와인 (ワイン)	一杯	한잔 (ハンチャン)
バー	바 (パァ)	ウイスキー	위스키 (ウィスキィ)	乾杯	건배 (コンベ)
メニュー	메뉴 (メニュ)	焼酎	소주 (ソヂュ)	インテリア	인테리어 (インテリオ)
飲み放題	마음껏 마심 (マウムコッ マシム)	日本酒	일본 술 (イルボン スル)		
食べ放題	마음껏 먹음 (マウムコッ モグム)	伝統酒	전통주 (チョントンヂュ)		
時間制限	시간제한 (シガン チェハン)	おつまみ	안주 (アンヂュ)		

居酒屋に行く時

アドバイス

韓国人は本当にお酒をよく飲みます。ただし、居酒屋もありますが、韓国では、鍋や焼肉など、食事をしながら飲む方がより多いようです。

そして飲むときには、最初に焼酎で乾杯してから、何度も何度も杯を突き合わせます。そのことによってお互いの親密度が高まるようです。他にも「韓国式酒の飲み方」というものがありますから、韓国人に習って、いつもと違うお酒を楽しんでみてもいいでしょう(詳しくは付録「韓国人と親しくなるためのマナー(295ページ)」を参照)。

居酒屋に行く時

1. お酒は好きですか。
2. 今日は、とことんまで飲みましょう。
3. 日本酒は、飲んだ事がありますか。
4. おつまみは、何にされますか。
5. これは、日本の伝統酒です。
6. これは、サツマイモからつくった芋焼酎です。
7. どうぞ一杯お受けください。
8. 乾杯しましょう。
9. どうぞ、召し上がってみてください。
10. 韓国の人達は、主にどんなお酒を飲むんですか。

술집에 갈 때

居酒屋に行く時

1 술 좋아하세요?
スル チョアハセヨ

2 오늘은 끝까지 마십시다.
オヌルン クッカヂ マシプシダ

3 일본술은 마셔 본 적이 있으세요?
イルボンスウルン マショボン ヂョギ イッセヨ

4 안주는 무엇으로 하시겠어요?
アンヂュヌン ムオスロ ハシゲッソヨ

5 이것은 일본 전통주입니다.
イゴスン イルボン ヂョントンヂュ インミダ

6 이것은 고구마로 만든 고구마소주입니다.
イゴスン コグマロ マンドゥン コグマ ソヂュ インミダ

7 한 잔 받으세요.
ハンヂャン パドゥセヨ

8 건배합시다.
コンベ ハプシダ

9 드셔보세요.
トゥショ ボセヨ

10 한국사람들은 주로 어떤 술을 마십니까?
ハングック サラムドゥルン ヂュロ オットン スルル マシンミカ

第11部 韓国人と遊びに行こう 229

カラオケに行く時

韓国の歌は、ここにありますよ。

한국 노래는 여기에 있어요.

ハングゥ　ノレヌン　ヨギエ　イッソヨ

あら
ホントだ。

単語

歌	노래 (ノレ)	バラード	발라드 (バルラドゥ)	流行	유행 (ユヘン)
曲	곡 (コク)	ラブソング	러브송 (ロブソン)	人気	인기 (インキ)
歌詞	가사 (カサ)	ロック	록 (ロク)	マイク	마이크 (マイク)
ポップス	팝송 (パプソン)	演歌	트로트 (トゥロトゥ)	ボリューム	볼륨 (ボルリュム)
ヒップホップ	힙합 (ヒッパプ)	洋楽	서양음악 (ソヤン ウマク)	リズム	리듬 (リドゥム)
R&B	R&B (アレンビィ)	デュエット	듀엣 (デュエッ)	十八番	18번 (シッパルボン)

カラオケに行く時

アドバイス

　韓国でもカラオケ店は「ノレバン」(直訳すると『歌の部屋』)という名前で大変親しまれています。もともと歌や踊りが大好きな人達ですから、人気が高いのも頷けます。観光バスの中でも、おばさん達は盛り上がってくると、何と踊り出す事もしばしばです。若者達も、カラオケボックスの中でよく踊ります。さらにカラオケボックスの密集度から言うと、既に日本を超えているそうです。ノレバンにはたいてい日本の曲が入っており、韓国の歌がわからない日本人でも充分に楽しめるようになっています。同じように、日本のカラオケにも韓国の歌が、最近は新曲もたいてい入っていますので、ぜひ韓国人と一緒に思う存分熱唱し、楽しんでください。

第11部 韓国人と遊びに行こう

カラオケに行く時

1 一緒にカラオケに行きましょう。

2 お先にどうぞ。

3 どんな歌を歌われますか。

4 韓国の歌が多いですね(少ないですね)。

5 一緒に歌いましょうよ。

6 十八番は何ですか。

7 歌がお上手ですね。

8 もう一曲歌ってください。

9 この曲は、今一番はやっている歌です。

10 日本の歌で、知っている歌はありますか。

노래방에 갈 때

カラオケに行く時

1 같이 노래방에 가요.
カッチ ノレバンエ ガヨ

2 먼저 하세요.
モンヂョ ハセヨ

3 어떤 노래를 부르시겠어요?
オットン ノレルル プルシゲッソヨ

4 한국 노래가 많네요(적네요).
ハングク ノレガ マンネヨ(チョン ネヨ)

5 같이 불러요.
カッチ プルロヨ

6 18번은 어떤 곡이에요?
シッパルボヌン オットン ゴギエヨ

7 노래 잘 하시네요.
ノレ チャラシネヨ

8 한 곡 더 부르세요.
ハンゴク ド プルセヨ

9 이 곡은 지금 가장 유행하고 있는 노래예요.
イ ゴグン チグム カヂャン ユヘンハゴ インヌン ノレエヨ

10 일본 노래 중에서 아는 노래 있으세요?
イルボン ノレ ヂュンエソ アヌン ノレ イッスセヨ

第11部 韓国人と遊びに行こう 233

クラブ(ディスコ)に行く時

朝まで踊りましょう。

아침까지 춤춰요.

アッチム　カヂ　チュムチョヨ

今日も朝までおどろうね!

確か今日で3日目よね…

クラブ

単語

クラブ	나이트클럽 ナイトゥ クルロブ	ダンス	댄스 デンス
テクノ	테크노 テクノ	DJ	DJ ディーヂェイ
トランス	트랜스 トゥレンス	ライブ	라이브 ライブ
レゲエ	레게 レゲェ		

クラブ(ディスコ)に行く時

アドバイス

　日本と同様、韓国のクラブ・シーンも日に日に大きな変貌を遂げています。一口にクラブと言っても、レゲエ、ヒップホップ、ジャズなど色々と扱う音楽のジャンルがあるわけですが、今韓国ではテクノからＲ＆Ｂへと、流行の中心が変わりつつあります。
　他に、韓国には「成人(ソンイン)ナイト」というクラブがあります。ここには、未成年の人は入る事ができません。音楽はテクノだったりするのですが、客層が30代、40代の人々が多く、中年の人々の遊び場、出会いの場となっているようです。

クラブ(ディスコ)に行く時

1 一緒に、踊りに行きましょう。

2 クラブは好きですか。

3 ここの雰囲気はどうですか。

4 日本では、こういうダンスがはやっています。

5 ダンスがとてもお上手ですね。

6 韓国のクラブにも、一度行ってみたいです。

7 あの人達と一緒に遊びましょうか。

8 楽しいですか。

9 ここは、私もよく遊びにくるんですよ。

10 そろそろ帰りましょうか。時間も遅い事ですし。

나이트 클럽(디스코텍)에 갈 때

クラブ(ディスコ)に行く時

1 같이 춤추러 가요.
カッチ チュム チュロ ガヨ

2 나이트클럽 좋아하세요?
ナイトゥ クルロプ ヂョアハセヨ

3 여기 분위기 어떠세요?
ヨギ プニギ オットセヨ

4 일본에서는 이런 춤이 유행하고 있어요.
イルボネソヌン イロン チュミ ユヘン ハゴ イッソヨ

5 춤을 굉장히 잘 추시네요.
チュムル ケンヂャンイ チャル チュシネヨ

6 한국의 나이트클럽에도 한 번 가보고 싶어요.
ハングゲ ナイトゥ クルロベド ハンボン ガボゴ シッポヨ

7 저 사람들과 같이 놀까요?
チョ サラムドゥルグァ ガッチ ノルカヨ

8 즐거우세요?
チュルゴウセヨ

9 여기는 제가 자주 놀러 오는 곳이에요.
ヨギヌン チェガ ヂャヂュ ノルロ オヌン ゴシエヨ

10 이제 돌아갈까요? 시간도 늦었는데.
イヂェ ドラ ガルカヨ シガンド ヌヂョンヌンデ

第11部 韓国人と遊びに行こう 237

第12部

韓国人ともっと楽しく遊ぼう

遊園地に行く時

野球の試合を観戦する時

サッカーの試合を観戦する時

海・プールに行く時

山に行く時

遊園地に行く時

あれに乗りましょうか。

저거 탈까요?

チョゴ　タルカヨ

単語

遊園地	유원지 ユウォンヂ	パレード	퍼레이드 ポレイドゥ
テーマパーク	테마파크 テマ パックゥ	キャラクターグッズ	캐릭터상품 ケリクトォ サンプム
入場券	입장권 イプチャン クォン	乗り物	탈 것 タルゴッ
フリーパス	프리패스 プリペス	飲み物	마실 것 マシルゴッ

遊園地に行く時

アドバイス

　日本で「二大テーマパーク」と言えば、大阪の「ユニバーサルスタジオ・ジャパン」と、千葉の「東京ディズニーランド、ディズニーシー」を挙げる事ができますが、韓国で有名な遊園地といえば、「ロッテワールド」と「エバーランド」です。ロッテワールドは、屋内施設と屋外施設が併設されているのが特徴であり、日本でも、韓国の恋愛映画として最も有名な「八月のクリスマス」にも出てくる遊園地がエバーランドです。大変に敷地面積が広く、一日かけても全ての乗り物を制覇するのは難しいくらいです。

　韓国の遊園地は、後々のお楽しみとして、まずは日本の遊園地で楽しい思い出を作って下さい。

第12部　韓国人ともっと楽しく遊ぼう

遊園地に行く時

1 ここは日本で、一番人気がある遊園地の一つです。

2 ここで、入場券(フリーパス)を買いましょうか。

3 あの(この)乗り物に乗りますか。

4 お腹も空いたし、何か食べましょうか。

5 喉も渇いたし、何か飲みましょうか。

6 5時に、パレードがありますよ。見てみましょうよ。

7 怖い乗り物は大丈夫ですか(怖くないですか)。

8 人が多いですから、違うのに乗りましょう。

9 一緒に写真を撮りましょうよ。

10 ここのキャラクターグッズは、とても可愛いんですよ。見に行きませんか。

유원지에 갈 때

遊園地に行く時

1 여기는 일본에서 가장 인기 있는 유원지 중 하나예요.
ヨギヌン イルボネソ カヂャン インキ インヌン ユウォンヂ ヂュン ハナエヨ

2 여기서 입장권을(프리패스를) 살까요?
ヨギソ イプチャン クォヌル(プリペスルル) サルカヨ

3 저(이) 놀이기구를 탈까요?
チョ(イ) ノリキグルル タルカヨ

4 배도 고픈데 뭔가 드실래요?
ペド コップンデ ムォンガ トゥシルレヨ

5 목도 마른 데 뭔가 마실까요?
モクド マルンデ ムォンガ マシルカヨ

6 5시에 퍼레이드가 있어요. 보러 가요.
ダソッシエ ポレイドゥガ イッソヨ ポロガヨ

7 무서운 놀이기구는 어떠세요?(무섭지 않으세요?)
ムソウン ノリ キグヌン オットセヨ(ムソプチ アヌセヨ)

8 사람이 많으니까 다른 것을 타죠.
サラミ マヌニカ ダルン ゴスル タヂョ

9 같이 사진 찍어요.
カッチ サヂン チゴヨ

10 여기의 캐릭터 상품은 정말 귀여워요. 보러 가지 않으실래요?
ヨギエ ケリクトオ サンプムン チョンマル クィヨウォヨ ポロ ガチ アヌシルレヨ

第12部 韓国人ともっと楽しく遊ぼう　243

野球の試合を観戦する時

彼は、私が一番好きな選手です。

그는 제가 제일 좋아하는 선수예요.

クヌン　チェガ　チェイル　ヂョアハヌン　ソンスエヨ

野球の試合を観戦する時

単語

野球	야구 ヤグ	審判	심판 シンパン	ホームラン	홈런 ホムロン
野球場	야구장 ヤグチャン	監督	감독 ガムドゥ	セーフ	세이프 セイプ
プロ野球	프로야구 プロヤグ	コーチ	코치 コチ	アウト	아웃 アウッ
高校野球	고교야구 コギョヤグ	選手	선수 ソンス	得点	득점 ドゥックチョム
ファン	팬 ペン	試合	시합 シハプ	同点	동점 ドンヂョム
バッター	타자 タヂャ	チーム	팀 ティム	応援	응원 ウンウォン
ピッチャー	투수 トゥス	盗塁	도루 トルゥ	○回表	○회초 ○フェチョ
キャッチャー	포수 ポス	ヒット	히트 ヒットゥ	○回裏	○회말 ○フェマル

アドバイス

韓国でも野球はとても人気のあるスポーツの一つです。どちらかと言えば、サッカーのほうが人気があるようですが、最近は大リーグでも韓国の選手が活躍しており、連日、韓国のスポーツ紙を賑わせています。プロ野球は8球団の単一リーグで試合が行われます。

日本の球界にも多くの韓国人選手がいますし、また、日本の各球団のファンによる独特の応援なども、きっと楽しんでもらえるのではないでしょうか。

野球の試合を観戦する時

1　野球は好きですか。

2　一緒に、プロ野球の試合を見に行きませんか。

3　日本の野球の試合を見た事はありますか。

4　好きなチームはありますか。

5　私は、中日ドラゴンズが好きです。

6　日本のプロ野球には、セントラル・リーグと、パシフィック・リーグという、二つのリーグがあります。

7　全部で12チームあります。

8　ここに座りましょうか。

9　韓国の野球と比べてどうですか。

10　彼は、私が一番好きな選手です。

야구 시합을 관람할 때

野球の試合を観戦する時

1 야구 좋아하세요?
ヤグ チョアハセヨ

2 같이 프로야구 시합을 보러 가지 않으실래요?
カッチ プロヤグ シハブル ポロ ガチ アヌシルレヨ

3 일본의 야구 시합을 본 적 있으세요?
イルボネ ヤグ シハブル ボン ヂョク イッセヨ

4 좋아하는 팀 있으세요?
チョアハヌン ティム イッセヨ

5 저는 주니치 드래곤즈를 좋아해요.
チョヌン チュウニチ ドゥレゴンズルル チョアヘヨ

6 일본 프로야구에는 센트럴리그와 퍼시픽리그라고 하는 2 개의 리그가 있습니다.
イルボン プロヤグ エヌン セントゥロル リグワ ポシピク リグラゴ ハヌン トゥゲエ リグガ イッスンミダ

7 전부 12 팀 있습니다.
チョンブ ヨルトゥ ティム イッスンミダ

8 여기 앉을까요?
ヨギ アンヂュルカヨ

9 한국의 야구와 비교해서 어떤가요?
ハングゲ ヤグワ ピギョヘソ オットンガヨ

10 그는 제가 제일 좋아하는 선수예요.
クヌン チェガ チェイル チョアハヌン ソンスエヨ

第 12 部 韓国人ともっと楽しく遊ぼう 247

サッカーの試合を観戦する時

いい試合ですね。

멋진 시합이네요.

モッチン　シハビネヨ

単語

サッカースタジアム	축구 경기장 (チュック キョンギチャン)	ディフェンス	디펜스 (ディペンス)	反則	반칙 (パンチク)
サポーター	서포터 (ソポトォ)	シュート	슛 (シュッ)	交代	교대 (キョデ)
ゴールキーパー	골키퍼 (ソポトォ)	フリーキック	프리킥 (プリキック)	ファウル	파울 (パウル)
フォアード	포워드	ペナルティキック	페널티킥 (ペノルティ キック)	オフサイド	오프사이드 (オプサイドゥ)
前半	전반 (チョンバン)	コーナーキック	코너킥 (コノキック)		
後半	후반 (フバン)	スローイン	슬로인 (スルロイン)		

サッカーの試合を観戦する時

アドバイス

韓国でも高い人気を誇るホン・ミョンボ選手や、ファン・ソンフォン選手などはJリーグでの経験もある選手ですから、ご存知ではないでしょうか。

サッカーは、韓国の人々が最も「熱くなる」スポーツと言っても過言ではありません。そのように、韓国の人々はサッカーがとても好きであり、日本と韓国では戦闘スタイルがまるで違いますから、そうした意味でも興味を示してくれる事でしょう。

何より外国から来た人が、一人で、あるいは観光ツアーでもスポーツ観戦をする機会というのはほとんどありませんから、とても喜んでもらえる事と思います。

第12部 韓国人ともっと楽しく遊ぼう

サッカーの試合を観戦する時

1 サッカーは好きですか。

2 一緒に、サッカーの試合を見に行きませんか。

3 日本のサッカーの試合を見た事はありますか。

4 日本のプロサッカーは、Ｊリーグと言います。

5 韓国では、サッカーと野球では、どちらが人気があるんですか。

6 日本で知っている選手はいますか。

7 良い試合ですね。

8 私も、ホン・ミョンボとファン・ソンフォンは知っていますよ。

9 喉は渇いていませんか。

10 ワールドカップが楽しみですね。

축구 시합을 관람할 때

サッカーの試合を観戦する時

1 축구 좋아하세요?
チュック チョアハセヨ

2 같이 축구 시합을 보러 가지 않으실래요?
カッチ チュック シハブル ポロガヂ アヌシルレヨ

3 일본의 축구 시합을 본 적 있으세요?
イルボネ チュック シハブル ポンチョク イッスセヨ

4 일본의 프로축구는 J 리그라고 합니다.
イルボネ プロ チュックヌン チェイ リグラゴ ハンミダ

5 한국에서는 축구와 야구 중에서 어떤 것이 더 인기가 많아요?
ハングゲソヌン チュックワ ヤグ チュンエソ オットンゴシ ト インキガ マナヨ

6 일본에서 알고 계신 선수는 있으세요?
イルボネソ アルゴ ゲシン ソンスヌン イッスセヨ

7 멋진 시합이네요.
モッチン シハビネヨ

8 저도 홍명보와 황선홍은 알고 있어요.
チョド ホン ミョンボワ ファン ソンホンウン アルゴ イッソヨ

9 목마르지 않으세요?
モンマルヂ アヌセヨ

10 월드컵이 기대되네요.
ウォルドゥコビ キデ デネヨ

海・プールに行く時

海は好きですか。

바다를 좋아하세요?

パダルル　ヂョアハセヨ

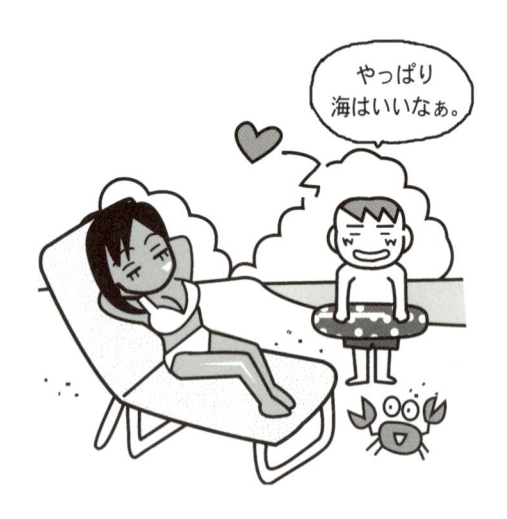

> やっぱり海はいいなぁ。

単語

海	바다 (パダ)	日焼け止め	썬 크림 (ソン クリム)	準備体操	준비운동 (チュンビウンドン)
海水浴場	해수욕장 (ヘスヨクチャン)	浮き輪	튜브 (テュブ)	競争	경주 (キョンヂュ)
波	파도 (パド)	ゴーグル	고글 (ゴグル)	浅い	얕다 (ヤッタ)
砂浜	모래사장 (モレサヂャン)	ボート	보트 (ポトゥ)	深い	깊다 (キプタ)
プール	수영장 (スヨンヂャン)	パラソル	파라솔 (パラソル)	危険	위험 (ウィホム)
水着	수영복 (スヨンボク)	シュノーケル	슈노르헬 (シュノルヘル)	怪我	상처 (サンチョ)
ビーチサンダル	비치샌들 (ビチ センドゥル)	海の家	바닷가의 집 (パダッカエ チプ)		
サンオイル	썬 오일 (ソン オイル)	シャワー	샤워 (シャウォ)		

海・プールに行く時

アドバイス

韓国にも、もちろん海はありますし、特に釜山の「海雲台(ヘウンデ)」という所は毎年多数の観光客が泳ぎにやってきます。また、「済州島(チェヂュド)」は「東洋のハワイ」とも呼ばれ、新婚旅行で訪れる人も多くいます。

しかし、日本の大規模なプールのような所は、韓国にはそんなに多くはないので、心から喜び、楽しんでくれることでしょう。

一生に一度しかない、「今年の夏」を、海を越えてやってきた隣国の友人と共に、思い切りエンジョイしてください。

海・プールに行く時

1. 海へ(プールへ)泳ぎに行きましょうか。
2. 今日は、晴れて良かったですね。
3. 怪我をしないように、足元に注意してください。
4. ボートに乗りましょうか。
5. 浮き輪を借りておきましょう。
6. 入る前に、準備体操をしておきましょう。
7. 危ないので、あまり深い所には行かないでください。
8. あそこまで、競争しましょうか。
9. ウォータースライダーに乗りましょう。
10. そろそろ上がりましょうか。

바다·수영장에 갈 때

海・プールに行く時

1 바다에(수영장에) 수영하러 갈까요?
パダエ(スヨンヂャンエ) スヨンハロ カルカヨ

2 오늘은 맑아서 다행이네요.
オヌルン マルガソ タヘンイネヨ

3 상처가 나지 않게 발 밑을 주의하세요.
サンチョガ ナヂアンケ パル ミトゥル チュウィ ハセヨ

4 보트를 탈까요?
ポトゥルル タルカヨ

5 튜브를 빌려 놓죠.
テュブルル ピルリョ ノチョ

6 들어가기 전에 준비운동을 해두죠.
トゥロガギ ヂョネ ヂュンビ ウンドンウル ヘドゥヂョ

7 위험하니까 너무 깊은 곳에는 들어가지 마세요.
ウィホマニカ ノム キプン ゴセヌン トゥロガヂ マセヨ

8 저기까지 경주할까요?
チョギカヂ キョンヂュ ハルカヨ

9 워터슬라이더를 탑시다.
ウォトォ スルライドルル タプシダ

10 이제 올라갈까요?
イヂェ オルラ ガルカヨ

第12部 韓国人ともっと楽しく遊ぼう 255

山に行く時

空気がとてもおいしいですね。

공기가 참 신선하네요.

コンギガ　チャム　シンソナネヨ

バンジージャンプします？

単語

山	산 (サン)	中腹	산 중턱 (サン ヂュントク)	土	흙 (フック)
登山	등산 (ドゥンサン)	頂上	정상 (チョンサン)	池	연못 (ヨンモッ)
登山口	산 입구 (サン イプク)	木	나무 (ナム)	湖	호수 (ホス)
火山	화산 (ファサン)	葉	잎 (イプ)	ロープウェー	케이블카 (ケイブル カァ)
活火山	활화산 (ファル ファサン)	紅葉	단풍 (タンプン)	空気	공기 (コンギ)
休火山	휴화산 (ヒュ ファサン)	花	꽃 (コッ)	足元	발 밑 (パル ミッ)
死火山	사화산 (サファサン)	鳥	새 (セ)	美しい	아름답다 (アルムダプタ)
火口	화구 (ファグ)	岩	바위 (バウィ)		

アドバイス

　韓国には、美しい山が数多く存在します。同じ山でありながらも、日本の山とは雰囲気も形も違います。それは自然のみが織り成す芸術とも言えるでしょう。

　また、日本よりも登山を愛好する人々も多いようです。「山にでかける」というと、ちょっと大がかりかもしれませんが、思い切って足を伸ばして、美しい自然の中で、お互いに鋭気を養いながら、友誼の語らいを楽しんで頂ければと思います。

山に行く時

山に行く時

1. ここは、富士山という山です。

2. 頂上の高さは、3,776メートルです。

3. 日本で、最も美しい山の一つです。

4. 空気がとてもおいしいですね。

5. 足元に気をつけてください。

6. これは、イチョウという木です。
韓国語では、何と言うのですか。

7. 頂上までもう一息ですよ。頑張りましょう。

8. 少し休んで行きましょうか。

9. 頂上は、まるで別世界のようですね。

10. そろそろ下りましょうか。

산에 갈 때

山に行く時

1 여기는 후지산이라고 하는 산입니다.
ヨギヌン フジサニラゴ ハヌン サニンミダ

2 정상의 높이는 3,776 미터입니다.
チョンサンエ ノッピヌン サムチョンチルベク チルシップユンミトォ インミダ

3 일본에서 가장 아름다운 산 중 하나입니다.
イルボネソ カヂャン アルムダウン サン ヂュン ハナ インミダ

4 공기가 참 신선하네요.
コンギガ チャム シンソナネヨ

5 발 밑을 조심하세요.
パル ミトゥル チョシマセヨ

6 이것은 이쵸라고 하는 나무입니다.
한국어로는 뭐라고 합니까?
イゴスン イチョウラゴ ハヌン ナム インミダ ハングゴロヌン ムォラゴ ハンミカ

7 정상까지 조금 남았어요. 힘냅시다.
チョンサン カヂ チョグム ナマッソヨ ヒムネプシダ

8 잠시 쉬었다 갈까요?
チャムシ シオッタ ガルカヨ

9 정상은 마치 다른 세계 같네요.
チョンサン ウン マチィ タルン セゲエ ガンネヨ

10 이제 내려갈까요?
イヂェ ネリョ ガルカヨ

第12部 韓国人ともっと楽しく遊ぼう 259

第13部

韓国人を見送ろう

記念撮影をする時

贈り物を渡す時

(空港等で)見送る時

記念撮影をする時

写真は、手紙と一緒に送りますね。

사진은 편지와 함께 보내 드릴게요.

サヂヌン　ピョンヂワ　ハムケ　ボネ　ドゥリルケヨ

涙でカメラが見えないよー。

単語

記念撮影	기념촬영 キニョム チャリョン	ポーズ	포즈 ポヂュ
記念写真	기념사진 キニョム サヂン	手紙	편지 ピョンヂ
写真	사진 サヂン	緊張	긴장 キンチャン
カメラ	카메라 カメラ	送る	보내다 ポネダ
フィルム	필름 ピルルム		

アドバイス

さあ、数え切れない程の思い出を刻んだ友達とも、しばしのお別れです。何枚写真を撮っても足りないぐらいではないでしょうか。

韓国では、写真を撮る時には、日本の「チーズ」の感覚で、「キムチ」と言ったり、「1、2、3」(ハナ、ドゥル、セッ)と言ったりしながら撮ります。

デジタルカメラであれば、あるいは普通の写真でもスキャナーを使ってパソコンで送る事もできますから、現像ができたらすぐに送ってあげてください。

きっとその写真は、あなたと、友人にとって、どんな高名な写真家が撮った写真よりも、どんな画家が描いた名画よりも光り輝く、宝物となることでしょう。

記念撮影をする時

1 一緒に写真を撮りましょう。

2 韓国では、写真を撮る時に、何て言うんですか。

3 私達は、「ハイ、チーズ」と言って撮るんですよ。

4 ここで撮りましょうか。

5 にっこり笑ってください。

6 ポーズをとってください。

7 きれいに撮ってくださいね。

8 緊張しないでください。

9 いち、に、さん。

10 写真は、あとで送りますね。

기념 촬영을 할 때

記念撮影をする時

1 같이 사진 찍을까요?
カッチ サヂン チグ カヨ

2 한국에서는 사진을 찍을 때 뭐라고 합니까?
ハングゲソヌン サヂヌル チグル テ ムォラゴ ハンミカ

3 저희들은 「하이, 치즈」라고 하면서 찍습니다.
チョイ ドゥルン ハイ チィズ ラゴ ハミョンソ チクスンミダ

4 여기서 찍을까요?
ヨギソ チグルカヨ

5 살짝 웃으세요.
サルチャック ウスセヨ

6 포즈를 잡아 주세요.
ポヂュルル チャバ ヂュセヨ

7 예쁘게 찍어 주세요.
イェップゲ チゴ ヂュセヨ

8 긴장하지 마세요.
キンヂャン ハヂ マセヨ

9 하나, 둘, 셋.
ハナ ドゥル セッ

10 사진은 나중에 보내 드릴게요.
サヂヌン ナヂュンエ ボネ ドゥリルケヨ

第13部 韓国人を見送ろう 265

贈り物を渡す時

これを見て、私を思い出してください。

이것을 보고 저를 떠올려 주세요.

イゴスル　ボゴ　チョルル　トォ　オルリョ　ヂュセヨ

思い出すっていうか、そのまんまだわ…

単語

包装紙	포장지	ポヂャンヂ	心	마음	マウム
箱	상자	サンヂャ	真心	진심	チンシム
ささやか	사소함	サソハム	友情	우정	ウヂョン
気持ち	성의	ソンイ	愛	사랑	サラン

贈り物を渡す時

アドバイス

かけがえのない友達への贈り物、一体何をあげようかと迷いますよね。できれば、小さいものが良いのではないでしょうか。おそらく荷物もいっぱいでしょうし、小さいものであれば、いつも傍に置いてもらう事もできますから。あふれる思いを、小さなプレゼントにこめて、一生涯の友情の証として、受け取ってもらいましょう。

第13部 韓国人を見送ろう

贈り物を渡す時

1 ささやかな贈り物を準備しました。

2 つまらない物ですが、お受け取りください。

3 どうぞ、お気軽に受け取ってください。

4 せめてもの、私の気持ちです。

5 飛行機の中で、開けてみてください。

6 私の手作りなんですよ。

7 気に入っていただけるといいのですが。

8 気に入っていただけましたか。

9 これを見て、私を思い出してください。

10 大切にしてくださいね。

선물을 줄 때

贈り物を渡す時

1 조그마한 선물을 준비했습니다.
　チョグマナン　ソンムルル　ヂュンビ　ヘッスンミダ

2 약소한 것이지만 받아 주세요.
　ヤクソハン　ゴシヂマン　バダ　ヂュセヨ

3 부담 갖지 마시고 받아 주세요.
　プダム　ガッチ　マシゴ　バダ　ヂュセヨ

4 저의 작은 성의입니다.
　チョエ　チャグン　ソンィ　インミダ

5 비행기 안에서 열어 보세요.
　ピヘンギ　アネソ　ヨロ　ボセヨ

6 제가 직접 만든 거예요.
　チェガ　チクチョプ　マンドゥン　ゴエヨ

7 마음에 드셨으면 좋겠어요.
　マウメ　ドゥショッスミョン　チョッケッソヨ

8 마음에 드세요?
　マウメ　トゥセヨ

9 이것을 보고 저를 떠올려 주세요.
　イゴスル　ボゴ　チョルル　トォ　オルリョ　ヂュセヨ

10 소중히 간직해 주세요.
　ソヂュンヒ　ガンヂケ　ヂュセヨ

第13部 韓国人を見送ろう

(空港等で)見送る時

必ず、またお会いしましょうね。
꼭 다시 만납시다.
コォック　タシ　マンナプシダ

行かないで〜

私も行きたくないわ。

単語

空港	공항 コンハン	手続き	수속 スソク	出発	출발 チュルバル
飛行機	비행기 ピヘンギ	入国審査	입국수속 イプクク スソク	到着	도착 トチャク
便名	편명 ピョンミョン	カウンター	카운터 カウントォ	出会い	만남 マンナム
港	항구 ハング	出国審査	출국수속 チュルグク スソク	思い出	추억 チュオク
船	배 ペ	両替	환전 ファンヂョン	最高の思い出	최고의 추억 チェゴエ チュオク
フェリー	페리호 ペェリホ	パスポート	여권 ヨクォン	名残惜しい	아쉽다 アシプタ

（空港等で）見送る時

アドバイス

　さて、いよいよ見送りですね。最後まで、友達が元気で、無事に帰国できるように、忘れ物や、手続きにも気を配ってあげながら、笑顔で見送ってあげましょう。

　決してこれは「別れ」などではなく、一生続く友情の「始まり」であると思って、喜び合いたいと思います。

　もし、敬語ではなく、友達ことばで「必ず、また会おうよ」と言いたい時には、次のようになります。

「コオッㇰ　トォ　ボヂャ」

第 13 部　韓国人を見送ろう

（空港等で）見送る時 ①

1. 荷物をお持ちしますよ。
2. 忘れ物がないか、確認してみてください。
3. 何時の飛行機ですか。
4. 手続きは済まされましたか。
5. 両替はされましたか。
6. 飛行機の出発が、遅れるそうですよ。
7. もう時間ですね。
8. 今日まで、本当に楽しかったです。
9. 必ず、また日本にいらしてくださいね。
10. 良い思い出として、大切にします。

(공항 등에서)배웅할 때 ①

1. 짐을 들어 드릴게요.
   チムル トゥロ ドゥリルケヨ

2. 잊으신 물건은 없는지 확인해 보세요.
   イヂュシン ムルゴヌン オムヌンヂ ファギネ ボセヨ

3. 몇 시 비행기예요?
   ミョッシ ピヘンギエヨ

4. 수속은 다 마치셨어요?
   スソグン タ マチショッソヨ

5. 환전은 하셨어요?
   ファンヂョヌン ハショッソヨ

6. 비행기가 연착되었다고 합니다.
   ピヘンギガ ヨンチャク テオッタゴ ハンミダ

7. 시간이 다 되었네요.
   シガニ タ デオンネヨ

8. 이때까지 정말 즐거웠어요.
   イッテカヂ チョンマル チュルゴウォッソヨ

9. 꼭 다시 일본에 오세요.
   コォック タシ イルボネ オセヨ

10. 좋은 추억으로 간직할게요.
    チョウン チュオグロ カンヂッ カルケヨ

(空港等で)見送る時 ②

11　お別れするのが、とても名残り惜しいです。

12　帰られてからも、必ず連絡してくださいね。

13　お会いできて、本当に良かったです。

14　また日本に来られたら、連絡してくださいね。

15　手紙か、メールを送りますね。

16　次は、私が韓国に行きますね。

17　この出会いを、私はずっと忘れません。

18　どうか、お元気でいらしてください。

19　またお会いできる日を、楽しみにしています。

20　さようなら。

(공항 등에서) 배웅할 때 ②

11 헤어지게 되어서 정말 아쉬워요.
ヘオヂケ デオソ チョンマル アシウォヨ

12 가시더라도 꼭 연락 주세요.
カシドラド コオック ヨルラク チュセヨ

13 만나게 되어서 정말 반가웠습니다.
マンナゲ デオソ チョンマル パンガウォッスンミダ

14 또 일본에 오시면 연락 주세요.
トオッ イルボネ オシミョン ヨルラク チュセヨ

15 편지나 이메일 보낼게요.
ピョンヂナ イメイル ボネルケヨ

16 다음엔 제가 한국에 갈게요.
タウメン チェガ ハングゲ カルケヨ

17 이 만남을 저는 영원히 잊지 못할 거예요.
イ マンナムル チョヌン ヨンウォニ イッチ モッタル コエヨ

18 항상 건강하세요.
ハンサン コンガン ハセヨ

19 또 만날 날을 기대하고 있을게요.
トオッ マンナル ナルル キデハゴ イッスルケヨ

20 안녕히 가세요.
アンニョンヒ ガセヨ

付録

東京おすすめ食べ放題バイキング	278
数に関する表現1・2	284
時に関する表現	288
韓国の歌を日本語で −民謡−	290
韓国人とチャットしてみよう！	294
韓国人と親しくなるためのマナー	295
韓国語が通じる病院	304
韓国観光公社案内	305

東京おすすめ食べ放題バイキング

　旅行で、何が楽しみかといえば、やっぱり食べ物。その地、その国ならではの料理というのは、万国共通の関心事のはず。でも、美味しいものを食べたい反面、やはり気になるのはお金。まして韓国では、一般的な家庭料理のお店なら、日本円にして約400円もあれば、おかずのたくさんついた定食が食べられる。だから、日本に来たのはいいけど、物価の高さにびっくりして、おにぎりで我慢……というのではやっぱり味気ない。そこで、懐具合を気にせずに、思いっきり食べられるバイキングのお店を紹介しよう。

※ここに紹介された情報が、現地の事情により、変動する場合もありますので、ご了承願います。

1　モーモーパラダイス新宿牧場

　　主なメニュー：すき焼き・しゃぶしゃぶ食べ放題
　　　　　　　　・ランチタイム　￥1000〜￥1500
　　　　　　　　・ディナータイム　￥1500円程度〜
　　営業時間：11：30〜15：00
　　　　　　　17：00〜23：00
　　　　　　　(但し週末・祝祭日は11：30〜23：00)
　　　　　　年中無休
　　☎：03－3356－4129
　　位置：JR新宿駅東口から徒歩2分
　　　　　ヒューマックスパビリオン3F

2　ブルーマール

　　主なメニュー：イタリア料理ランチバイキング
　　　　　　　　￥980(サラダ・ドリンク・フルーツを含む)
　　営業時間：11：30〜15：00
　　☎：03－3352－6606
　　位置：JR新宿駅東口から徒歩2分
　　　　　ライオン会館内

3 汎(ファン)・アジアダイニング

　　主なメニュー：アジア料理ランチバイキング
　　　　　　　　　　…¥1000
　　　　　　　　・タイ・インドネシア・マレーシア・シンガポール等、
　　　　　　　　　約15種類のアジア各地の代表的な料理が味わえる。
　　　　　　　　・コーヒー・ジュース・烏龍茶等は、¥200で飲み放題
　　　　　　　　・時間制限あり(90分)
　　営業時間：11：30～23：00
　　　　　　　年中無休
　　☎：03－3352－7293
　　位置：JR新宿駅東口から徒歩3分
　　　　　じゅらくエイトビル内

4 ラージ・マハール

　　主なメニュー：インド料理ランチバイキング
　　　　　　　　　　…¥1000
　　　　　　　　・カレー、鶏料理等の、北インドの宮廷料理
　　営業時間：11：30～15：00
　　　　　　　年中無休
　　☎：03－5379－2525
　　位置：JR新宿駅東口から徒歩2分
　　　　　ピースビル内

5 新宿東海苑

　　主なメニュー：10種類の肉・野菜料理とフルーツ・デザート等を含む
　　　　　　　　　約30種類の韓国料理
　　　　　　　　・ランチバイキング
　　　　　　　　…¥1200(制限時間60分)
　　　　　　　　・ディナーバイキング
　　　　　　　　…¥2250(制限時間90分)
　　　　　　　　・酒類は¥2000で飲み放題
　　営業時間：11：00～24：00
　　　　　　　年中無休
　　☎：03－3200－2934
　　位置：JR新宿駅東口から徒歩3分

東京おすすめ食べ放題バイキング

6 サッポロビヤガーデン・新宿マイシティー

主なメニュー：生ビール・酒類とおつまみの飲み放題
　　　　　　食べ放題…￥3000(時間制限120分)
営業時間：17：00～22：00
　　　　　年中無休
　　　　　※但し、日曜・祝祭日は16：00から営業
☎：03－5360－7144
位置：JR新宿駅東口から徒歩すぐ
　　　マイシティービル

7 アサヒビア　エクスプレス

主なメニュー：ステーキ・寿司・うどん・ラーメン等、約３５種類の料理と、
　　　　　　コーヒー等各種ドリンク
　　　　　・ランチバイキング
　　　　　　…￥1000(制限時間90分)
営業時間：11：30～15：30
　　　　　年中無休
☎：03－3831－8109
位置：JR上野駅から徒歩3分

8 ライオン　ビヤガーデン

主なメニュー：ジンギスカンバイキング
　　　　　　…￥3200
　　　　　・各種焼肉バイキング
　　　　　　…￥3900(生ビール等酒類飲み放題)
営業時間：17：00～21：30
　　　　　年中無休
☎：03－5537－0086
位置：地下鉄銀座線銀座駅から徒歩3分
　　　松坂屋デパート屋上

9 ザ・サイアム

主なメニュー：タイ料理ランチバイキング
　　　　　　…￥1000
営業時間：11：30～15：00
　　　　　年中無休
☎：03－3572－4101
位置：地下鉄銀座線銀座駅から徒歩3分
　　　ワールドタウンビル8Ｆ

東京おすすめ食べ放題バイキング

10 山水楼(さんすいろう)

主なメニュー：70年の伝統を誇る老舗。
　　　　　　　中国広東料理ランチバイキング
　　　　　　　…¥1500(9歳まで¥700)
　　　　　　・中国茶・コーヒー飲み放題
営業時間：11：30～14：30
　　　　　※土曜日のみのサービス
☎：03－3212－3401
位置：JR有楽町駅から徒歩3分

11 フロ　プレステージ

主なメニュー：現地産の材料にこだわった、伝統フランス料理
　　　　　　・フランス料理バイキング
　　　　　　　…¥1500
　　　　　　（小学生以下　¥750～¥1500）
　　　　　　・ワイン、その他ソフトドリンク無料サービス(制限時間60分)
営業時間：10：00～20：00
　　　　　※休業日…東武百貨店の休業日と同じ。
　　　　　　主に月2回、水曜日の場合が多い。
☎：03－3981－3408
位置：JR池袋駅西口に直結している東武百貨店内

12 モーモーパラダイス池袋牧場

主なメニュー：すき焼き・しゃぶしゃぶ食べ放題
　　　　　　・ランチタイム
　　　　　　　…¥1000～¥1500
　　　　　　・ディナータイム
　　　　　　　…¥1500円程度～（小学生以下¥1000）
　　　　　　・酒類は¥1300で飲み放題
営業時間：11：00～15：00
　　　　　17：00～23：00
　　　　　（但し週末・祝祭日は11：30～23：00）
　　　　　年中無休
☎：03－3356－4129
位置：JR池袋駅西口から徒歩2分
　　　ヒューマックスパビリオン8F

付録　281

13　ビヤガーデン市場

主なメニュー：和・洋・中・東南アジアの料理約80種類と生ビール
　　　　　　　（その他酒類・ソフトドリンク飲み放題）
　　　　　　　・男性…￥2900　女性…￥2600
営業時間：17：00〜22：00
　　　　　・雨天及びパルコ休業日は営業しない
☎：03－3987－0552
位置：JR池袋駅西口に直結したパルコ屋上

14　スカイラウンジアポロ

主なメニュー：手ごろな価格で、有名ホテルの料理が味わえる
　　　　　　　・洋食ランチバイキング
　　　　　　　　…￥2600
　　　　　　　・ケーキバイキング
　　　　　　　　…￥1500円程度(14：30〜17：00)
営業時間：11：30〜14：00
　　　　　年中無休
☎：03－3980－1111
位置：JR池袋駅西口から徒歩2分
　　　ホテルメトロポリタン内

15　味仙荘

主なメニュー：焼肉
　　　　　　　・焼肉ランチバイキング
　　　　　　　　…￥1200(40分間・11：30〜14：00のみ)
　　　　　　　・ディナーバイキング
　　　　　　　　…￥2480円
　　　　　　　※小学生…￥1300、小学生未満…￥600
　　　　　　　・酒類飲み放題…￥1320
営業時間：11：30〜23：30
　　　　　年中無休
☎：03－3350－5204
位置：JR渋谷駅ハチ公口から徒歩10分

16　モーモーパラダイス渋谷牧場

主なメニュー：すき焼き・しゃぶしゃぶ食べ放題
　　　　　　　・ランチタイム
　　　　　　　　…￥1000〜￥1500
　　　　　　　・ディナータイム
　　　　　　　　…￥1500円程度〜

　　　　　　※小学生以下…￥1000
営業時間：11：30～15：00
　　　　　17：00～23：00
　　　　　（但し週末・祝祭日は11：30～23：00）
　　　　　年中無休
☎：03－3461－2941
位置：JR渋谷駅ハチ公口から徒歩8分
　　　渋谷 BEAM 6 F

17 ななかまど

主なメニュー：ホテル内にある郷土料理専門店
　　　　　　・ランチバイキング
　　　　　　　…￥1100(4～12歳は￥700)
　　　　　　・ディナーバイキング
　　　　　　　…￥3900円(4～12歳は￥2000)
営業時間：11：30～14：00
　　　　　18：00～22：00
　　　　　年中無休
☎：03－3440－1111
位置：JR品川駅から徒歩10分
　　　品川プリンスホテル・ボーリングセンター内

18 ハイビスカス

主なメニュー：ホテル内のカレーライスバイキング
　　　　　　　…￥1000
　　　　　　（毎週火曜日には特別メニューあり）
営業時間：11：30～14：00
　　　　　土・日曜日および祝祭日は休業
☎：03－3587－1111
位置：地下鉄日比谷線六本木駅から徒歩10分
　　　六本木プリンスホテル内

東京おすすめ食べ放題バイキング

付録　283

数に関する表現 1

1	2	3	4	5
6	7	8	9	10
11	12	13	14	15
16	17	18	19	20
30	40	50	55	60
64	70	75	80	90
100	200	300	400	500
600	700	740	800	900
1,000	2,000	3,000	4,000	5,000
6,000	7,000	8,600	9,000	9,500
10,000	20,000	30,000	40,000	50,000
60,000	70,000	80,000	83,000	90,000
100,000	200,000	300,000	400,000	500,000
600,000	700,000	800,000	850,000	900,000
1,000,000	2,000,000	3,000,000	4,000,000	5,000,000
6,000,000	7,000,000	8,000,000	8,070,000	9,000,000

10,000,000   30,000,000   68,000,000

90,000,000   100,000,000

数に関する表現 1

일 イル	이 イー	삼 サム	사 サー	오 オー
육 リュック	칠 チル	팔 パル	구 クウ	십 シップ
십일 シビル	십이 シビイー	십삼 シプ サム	십사 シプ サー	십오 シボー
십육 シム ニュック	십칠 シップ チル	십팔 シッパル	십구 シップ クウ	이십 イーシップ
삼십 サムシップ	사십 サーシップ	오십 オーシップ	오십오 オー シボー	육십 ユクシップ
육십사 ユクシップ サー	칠십 チルシップ	칠십오 チル シボー	팔십 パルシップ	구십 クーシップ
백 ペック	이백 イーベック	삼백 サム ベック	사백 サーベック	오백 オーベック
육백 ユッペック	칠백 チルベック	칠백사십 チルベック サーシップ	팔백 パルベック	구백 クーベック
천 チョン	이천 イーチョン	삼천 サムチョン	사천 サーチョン	오천 オーチョン
육천 ユック チョン	칠천 チルチョン	팔천육백 パルチョン ユッペック	구천 クーチョン	구천오백 クーチョン オーベック
만 マン	이만 イーマン	삼만 サンマン	사만 サーマン	오만 オーマン
육만 ユンマン	칠만 チルマン	팔만 パルマン	팔만삼천 パルマン サムチョン	구만 クーマン
십만 シンマン	이십만 イーシンマン	삼십만 サム シンマン	사십만 サーシンマン	오십만 オーシンマン
육십만 ユク シンマン	칠십만 チルシンマン	팔십만 パルシンマン	팔십오만 パルシップ オーマン	구십만 クーシンマン
백만 ペンマン	이백만 イーベンマン	삼백만 サム ベンマン	사백만 サーベンマン	오백만 オーベンマン
육백만 ユック ペンマン	칠백만 チルベンマン	팔백만 パルベンマン	팔백칠만 パルベック チルマン	구백만 クーベンマン
천만 チョンマン	삼천만 サム チョンマン	육천팔백만 ユック チョン パルベンマン		
구천만 クーチョンマン	일억 イロック			

数に関する表現2

1. 一人　　二人　　三人　　四人　　五人
   六人　　七人　　八人　　九人　　十人　　何人

2. 一個　　二個　　三個　　四個　　五個
   六個　　七個　　八個　　九個　　十個　　何個

3. 一台　　二台　　三台　　四台　　五台
   六台　　七台　　八台　　九台　　十台　　何台

4. 一階　　二階　　三階　　四階　　五階
   六階　　七階　　八階　　九階　　十階　　何階

5. 一本　　二本　　三本　　四本　　五本
   六本　　七本　　八本　　九本　　十本　　何本

6. 一杯　　二杯　　三杯　　四杯　　五杯
   六杯　　七杯　　八杯　　九杯　　十杯　　何杯

7. 一号室　二号室　三号室　四号室　五号室
   六号室　七号室　八号室　九号室　十号室　何号室

8. 一泊　　二泊　　三泊　　四泊　　五泊
   六泊　　七泊　　八泊　　九泊　　十泊　　何泊

数に関する表現2

1. 한 명 ハンミョン　두 명 トゥーミョン　세 명 セーミョン　네 명 ネーミョン　다섯 명 タソッミョン
여섯 명 ヨソッミョン　일곱 명 イルゴッブミョン　여덟 명 ヨドルミョン　아홉 명 アホブミョン　열 명 ヨルミョン　몇 명 ミョンミョン

2. 한 개 ハンゲ　두 개 トゥゲ　세 개 セゲ　네 개 ネゲ　다섯 개 タソッケ
여섯 개 ヨソッケ　일곱 개 イルゴッブケ　여덟 개 ヨドルケ　아홉 개 アホブケ　열 개 ヨルケ　몇 개 ミョッケ

3. 한 대 ハンデ　두 대 トゥーデ　세 대 セーデ　네 대 ネーデ　다섯 대 タソッテ
여섯 대 ヨソッテ　일곱 대 イルゴッブテ　여덟 대 ヨドルデ　아홉 대 アホブテ　열 대 ヨルテ　몇 대 ミョッテ

4. 일 층 イルチュン　이 층 イーチュン　삼 층 サムチュン　사 층 サーチュン　오 층 オーチュン
육 층 ユックチュン　칠 층 チルチュン　팔 층 パルチュン　구 층 クーチュン　십 층 シップチュン　몇 층 ミョッチュン

5. 한 병 ハンビョン　두 병 トゥービョン　세 병 セービョン　네 병 ネービョン　다섯 병 タソッピョン
여섯 병 ヨソッピョン　일곱 병 イルゴッピョン　여덟 병 ヨドルビョン　아홉 병 アホブピョン　열 병 ヨルピョン　몇 병 ミョッピョン

6. 한 잔 ハンヂャン　두 잔 トゥーチャン　세 잔 セーヂャン　네 잔 ネーヂャン　다섯 잔 タソッチャン
여섯 잔 ヨソッチャン　일곱 잔 イルゴッチャン　여덟 잔 ヨドルチャン　아홉 잔 アホブチャン　열 잔 ヨルチャン　몇 잔 ミョッチャン

7. 일호실 イルホーシル　이호실 イーホーシル　삼호실 サムホーシル　사호실 サーホーシル　오호실 オーホーシル
육호실 ユックホーシル　칠호실 チルホーシル　팔호실 パルホーシル　구호실 クーホーシル　십호실 シップホーシル　몇호실 ミョットーシル

8. 일박 イルバック　이박 イーバック　삼박 サムバック　사박 サーバック　오박 オーバック
육박 ユックパック　칠박 チルバック　팔박 パルバック　구박 クーバック　십박 シップパック　몇박 ミョッパック

時に関する表現

1. 1時　2時　3時　4時　5時　6時
   7時　8時　9時　10時　11時　12時　何時

2. 5分　10分　15分　20分　25分　30分　35分
   40分　45分　50分　55分　60分　　　何分

3. 1月　2月　3月　4月　5月　6月
   7月　8月　9月　10月　11月　12月　何月

4. 1日　2日　3日　4日　5日
   6日　7日　8日　9日　10日
   11日　12日　13日　14日　15日
   16日　17日　18日　19日　20日
   21日　22日　23日　24日　25日
   26日　27日　28日　29日　30日　31日

5. 月曜日　火曜日　水曜日　木曜日　金曜日　土曜日　日曜日

6. 2日間　3日間　4日間　5日間　一週間　二週間

時に関する表現

1. 한시　　두시　　세시　　네시　　다섯시　　여섯시
   ハンシ　トゥーシ　セーシ　ネーシ　タソッシ　ヨソッシ

   일곱시　여덟시　아홉시　열시　열한시　열두시　몇시
   イルゴプシ　ヨドルシ　アホプシ　ヨルシ　ヨルハンシ　ヨルトゥシ　ミョッシ

2. 오분　십분　십오분　이십분　이십오분　삼십분　삼십오분
   オーブン　シップン　シボーブン　イーシップン　イーシボーブン　サムシップン　サムシボーブン

   사십분　사십오분　오십분　오십오분　육십분　몇분
   サーシップン　サーシボーブン　オーシップン　オーシボーブン　ユクシップン　ミョップン

3. 일월　　이월　　삼월　　사월　　오월　　유월
   イルウォル　イーウォル　サムウォル　サーウォル　オーウォル　ユーウォル

   칠월　팔월　구월　시월　십일월　십이월　몇월
   チルウォル　パルウォル　クーウォル　シーウォル　シビルウォル　シビーウォル　ミョドル

4. 일일　　이일　　삼일　　사일　　오일
   イリル　イーイル　サミル　サーイル　オーイル

   육일　　칠일　　팔일　　구일　　십일
   ユギル　チリル　パリル　クイル　シビル

   십일일　십이일　십삼일　십사일　십오일
   シビリル　シビーイル　シプサミル　シプサーイル　シボーイル

   십육일　십칠일　십팔일　십구일　이십일
   シムユギル　シップチリル　シッパリル　シップクイル　イーシビル

   이십일일　이십이일　이십삼일　이십사일　이십오일
   イーシップイリル　イーシップイーイル　イーシップサミル　イーシップサーイル　イーシップオーイル

   이십육일　이십칠일　이십팔일　이십구일　삼십일　삼십일일
   イーシップユギル　イーシップチリル　イーシップパリル　イーシップクイル　サムシップビル　サムシップイリル

5. 월요일　화요일　수요일　목요일　금요일　토요일　일요일
   ウォリョイル　ファヨイル　スヨイル　モギョイル　クミョイル　トヨイル　イリョイル

6. 이일간　삼일간　사일간　오일간　일주일간　이주일간
   イイルカン　サミルカン　サイルカン　オイルカン　イルチュイルカン　イーヂュイルカン

韓国の歌を日本語で―民謡―　　민요

● 愛の歌

愛するなら このようにするんだとさ
私たちの愛 変わらないでいよう
固く 固く 心に誓った愛
ああ 私の愛 ドゥンダンガ ドゥンダンガ ドンギ
ドゥンダンギ 私の愛
花と蝶 ゆらゆらと踊って
愛は ナイガイガ ゆらゆらと いいなぁ

● 사랑가

사 사랑을 할려면 요 요렇게 한단다
요 내 사랑 변치 말자 굳게 굳게 다진 사랑
어화 둥둥 내 사랑 둥당가 둥당가 덩기 둥당기 내 사랑
꽃과 나비 너울너울 춤을 추고
우리네 사 사랑은 나이가이가 두둥실 좋을시고

● 舟歌

オギヤ ディヨチャ オギヤディヨ オギヨチャ 漁に行こう
打ち付ける波の音が 眠りを覚まし 聞こえてくる櫓の音 物悲しくもあるなぁ
西北の風 南風よ 思いのままに吹け かじを握る この船頭には 行くところがあるそうだ
いかりを下ろしたまま 櫓をこいで 舟が進むものか 何もわらぬ あの船頭 いかりを上げろ満ち潮引き潮 繰り返す 細かな砂の浜辺に 俺の恋人が踏み残した足跡を 俺にどうやって探せるというのか

뱃노래(굿거리)

(뒷소리) 어기야 디여차 어기야 디여 어기여차 뱃놀이 가잔다
부딪치는 파도소리 잠을 깨우니 들려오는 노 소리 처량도 하구나
하늬바람 마파람이 맘대로 불어라 키를 잡은 이 사공아 갈 곳이 있단다
닻을 놓고 노를 저으니 배가 가느냐 알심없는 저 사공아
닻 걸어 올려라 밀물 썰물 드나드는 세모래사장에
우리님이 딛고 간 발자취 내 어이 알소냐

故郷の春

私が住んでいた故郷は 花咲く山里
桃の花 あんずの花 小さなつつじ
色とりどりの花の宮殿のあった村
その中で遊んだ頃が懐しいのですよ

고향의 봄

나의 살던 고향은 꽃 피는 산골
복숭아꽃 살구꽃 아기 진달래
울긋불긋 꽃 대궐 차린 동네
그 속에서 놀던 때가 그립습니다

ホルロアリラン

アリラン アリラン ホルロアリラン
アリラン峠を越えて行こう
もしも疲れたら休みながら
手をとり合って行ってみよう

金剛山の清い水は東海に流れ
雪嶽山の清い水も東海に流れて行くのに
私たちの心はどこへ行くのか
いつになったら 私たちはひとつになるのだろう
アリラン アリラン ホルロアリラン

韓国の歌を日本語で ― 民謡 ―

アリラン峠を越えて行こう
もしも疲れたら休みながら
手をとり合って行ってみよう

白頭山　豆満江から船に乗って発て
漢挐山　済州島から船に乗って行く
そして独島にいかりを下ろし
昇る朝日を迎えよう

○ 홀로 아리랑(중모리)

아리랑 아리랑 홀로 아리랑 아리랑 고개로 넘어 가보자
가다가 힘들면 쉬어가더라도 손잡고 가보자 같이 가보자
저 멀리 동해바다 외로운 섬 오늘도 거센 바람 불어 오겠지
조그만 얼굴로 바람 맞으니 독도야 간밤에 잘 잤느냐
금강산 맑은 물은 동해로 흐르고 설악산 맑은 물도 동해로 가는데
우리네 마음들은 어디로 가는가 언제쯤 우리는 하나가 될까
아리랑 아리랑 홀로 아리랑 아리랑 고개로 넘어 가보자
가다가 힘들면 쉬어가더라도 손잡고 가보자 같이 가보자
백두산 두만강에서 배 타고 떠나라 한라산 제주에서 배타고 간다
가다가 홀로 섬에 닻을 내리고 떠오르는 아침해를 맞이 해보자

○ 先駆者

一松亭の青松は 年老いてゆくけども
一筋の海蘭江は　千年にわたり流る
過ぎし日 川辺で　馬を馳せし先駆者
今はいづこで　深き夢を見るか

○ 선구자

일송정 푸른 솔은 늙어 늙어 갔어도
한줄기 해란강은 천년 두고 흐른다
지난날 강가에서 말달리던 선구자
지금은 어느 곳에 거친 꿈이 깊었나

🔵 鳳仙花

垣根には鳳仙花よ おまえの姿は悲しげだ
長く長い日 夏の頃に 美しく花咲く時に
うるわしい 乙女らが おまえを喜んで遊んだものだ
いつの間にか夏が去り 秋風がそよそよと吹き
うつくしい花ぶさを むごくも侵略したので
花が散り 老いてしまった おまえの姿は悲しげだ
北風に寒雪 冷たい風に おまえの形がなくなっても
平和な夢を見る おまえの魂はここにあるから
のどかな春風に よみがえることを願うよ

🔵 봉선화

울밑에 선 봉숭아야 네 모양이 처량하다
길고 긴 날 여름철에 아름답게 꽃 필 적에
어여쁘신 아가씨들 너를 반겨 놀았도다

어언간에 여름 가고 가을 바람 솔솔 불어
아름다운 꽃송이를 모질게도
침노하니 낙화로다

늙어졌다 네 모양이 처량하다
북풍 한설 찬바람에 네 형체가 없어져도
평화로운 꿈을 꾸는 너의 혼은 예 있으니
화창스런 봄바람에 환생키를 바라노라

韓国の歌を日本語で ―民謡―

韓国人とチャットしてみよう！

　近頃、韓国語がわからなくても、韓国人とチャットができるサイトが登場してきている。
　中でも、「NETOMO」は、その場で自動翻訳してくれるという、非常に便利なサイトだ。早速、その利用方法を紹介したい。

①アドレス＜http://www.netomo.com/＞へアクセスする

②日本語か、韓国語かを選択する

③「会員加入」を選択し、説明にしたがって会員登録する

④「大学生」「旅・グルメ」など、部屋の名前などが書いてある部分をクリックする

＜部屋を作る場合＞
　いったん④の手続きをしてから「部屋作り」をクリックし、部屋名、部屋のテーマ(話のテーマ)を記入する

　その他、この「NETOMO」では、文章の翻訳や、韓国のサイトも自動翻訳して日本語で見られるなど、実に多彩な機能を、簡単に利用できる。ぜひ一度、のぞいてみてはどうだろうか。

韓国人と親しくなるためのマナー

1 相手の文化を理解する事の楽しさ

現在、韓国を訪れる日本人は年間200万人のぼり、来日する韓国人も100万人に及ぶという。しかし、せっかく日本を訪れても、日本の人々と友達として付き合い、良き思い出を作って帰る人もいれば、残念な事にそうでない人もいる。日本を訪れた経験のある韓国の人々、また今も留学等で日本に住んでいる韓国の若者達に、日本人の感想を聞いてみると、「親切」「礼儀正しい」などの好意的な意見とともに、「冷たい」という感想を抱いている人々も、少なくないようである。確かに、それが現実ならば仕方のない事かもしれない。しかし、その原因には、「文化・習慣の違い」という事が、多く含まれているようである。

国が違えば、習慣も言葉も、常識さえ違う場合がある。大切な事は、「日本の基準」で判断しない事だ。韓国には韓国の歴史があり、その中で生まれた考え方、基準がある。それを理解し、「外国人」としてではなく、同じ「人間」として人々と付き合えたら、どれほど多くの「楽しみ」や「驚き」がある事だろうか。

かといって、もちろんここで韓国の文化や習慣を全て紹介させて頂く事はできないし、個人によって考え方の違いもあるだろう。ただ願う事は、ここで述べられている点を踏まえながら、読者の皆様が、韓国の人々との素晴らしき出会いと交流を通して、かけがえのない思い出をつくり、友情を結ばれる事であり、そのきっかけとなる事ができれば、望外の喜びである。

2 食事をする時のマナー

一人で食事をする時は、なぜあんなに味気なく、たとえカップラーメンであっても、仲の良い友達と食べると、なぜあんなに美味しいのだろうか？ それは、誰もが一度は感じられた事ではないだろうか。

日本に来た韓国人たちは、多くの日本の人々が一人で食事をしている光景を見て、非常に驚くそうである。それもそのはず、韓国では、一人で食事をとる事は、ほとんどないのである。韓国料理の中にも、同じ皿や鍋を皆でつつくものが多い。

だから日本料理が、ほとんど「一人前」の形で出てくる事に、違和感を感じ、中には「情(じょう)がない」と思ってしまう人もいるようだ。当然、

日本料理に「情がない」わけがないのであるが、それも「文化の違い」と言えるのかもしれない。

　韓国人と和食をつつきながら、日本料理について説明してあげるのも、きっと面白いだろう。意外な共通点や、違いを発見できる事だろう。逆に、一緒に韓国料理を食べながら、韓国料理(「ハングクヨーリ」。「韓食(ハンシック)」とも言う)のおいしい食べ方や、おすすめ料理、マナーなどを教わるのも、韓国の友達からしか聞けない貴重な体験である。特に、友達に作ってもらう韓国料理の味は、きっと格別だろう。

　その時、もしもあなたが、少しでも韓国の食事作法を知っておかれたら、おそらく友達は驚き、喜ぶ事だろう。そして、味も一段と美味しく思えるに違いない。

　ともすると、韓国料理と言えば、すぐに「キムチ」「焼肉」「とにかく辛い！」「とりあえず赤い！」というイメージがあるが、一般的な韓国の家庭料理は、豊富な種類のスープとご飯、そしてもちろん基本のキムチと、「パンチャン」と言われるたくさんのおかず、というのがスタンダードな形だ。そのため日本と違って、箸(チョッカラック)とともに、スプーン(スッカラック)を必ず使う。また本場では、箸やスプーン、さらに茶碗までがステンレスでできており、多くの日本人が驚くという。

　さて、本題の「食事をする時のマナー」であるが、具体的に言えば、まず「器は持たない」というのが基本的なマナーである。ご飯も、スープも、全て置いたまま食べる。そこでスプーンが大活躍するわけである。次に、年上の人と食事をする場合は、まず一番年長の人が食べ始めるまでは、箸をつけないのが礼儀である。そのため、逆にもし、自分が明らかに一番年上である場合には、遠慮して箸をつけないでいると、他の年下の人々が食べ始められない場合もありうるので、ご注意を。

3　お酒の席でのマナー

　ある韓国人によると、韓国人は「世界で一番お酒を飲む人たち」らしい。それがどこまで正確な情報に基づいた話かは分からないが、思わずうなずいてしまうほど、韓国人はお酒が好きな人たちが多い。そして、お酒の席においても、様々な礼儀作法や、習慣がある。しかし、その根本にある精神は、やはり「客人」や「年長者」を敬う心である。

　韓国の人々が一番よく飲むお酒は、焼酎(ソヂュ)、しかもストレートなのであるが、これがまた韓国料理とよく合うのである。他にも、「マッコルリ」と言う、どぶろくのような酒も、根強いファンが多い。だが、日本で

はそうした韓国の酒類はなかなか売っておらず、「ちょっとコンビニにマッコルリ買いに行って来るよ」などと言ってる人は見たことがない。

しかし、東京であれば大久保の方にある韓国の食材屋に行くと、たいていお酒も置いてあるので、お土産に買っていけば、喜ばれるうけあいである。

先ほど、焼酎を最もよく飲むと述べたが、その証拠に、日本ではとりあえず冷たいビールで乾杯、というのがポピュラーなパターンであるが、韓国の人々は「とりあえず焼酎で乾杯(コンベ)」なのだ。ビールが登場するのは2次会から、という場合が多い。

そして、酒をついだり受けたりする時は、右手でビン、盃を持ち、左手をひじの辺りに添えるのが作法だ。詳しくは、実際に韓国人と飲んだ時に、見よう見まねでして頂いてみるのが一番だろう。また、乾杯をする時にも同様に左手を添えて、目上の人と乾杯する時は、相手の盃の下の部分に自分の盃を合わせて乾杯するのである。

その他、日本では相手のコップにまだ酒が残っていても、「まあまあもう一杯どうぞ」という事になるのだが、韓国では、相手のコップ、あるいは盃が空になってからつぐのが礼儀である。だから、相手のコップにまだ酒が残っているのに、「どうぞどうぞ…」などと言おうものなら、それは必然的に、相手に「一気」を要求している事になりかねないので、注意が必要である。また、日本では自分で自分のコップに酒をついでも、さして普通の事であるが、韓国人にとってはタブーである。「情がない」となってしまう。もしも、自分の知らない間に相手が自分でつごうとして、もう間に合わない、という時には、指でそのビンを軽く触れて、「情」を表す人もいる。

なんだかこうして礼儀作法ばかりを書くと堅苦しいようだが、これらの作法(細かい事を言えばまだまだあるのだが)を守りながら、お酒の席を盛り上げて頂きたい。

韓国の人々は実に気持ちよく酒を飲む。普段から正直な人々が多い韓国酒を飲みだすと、「自分の全てをさらけ出す」というか、心の扉が全開になる。故に初対面の人同士であっても、一度盃を酌み交わせば、さながら「旧知の友」という具合になるのである。

あなたもぜひ、韓国の人々と酒を飲みながら、胸襟を開いた付き合いを楽しんでほしい。

4 時間に対する考え方

近頃はそれほど聞かなくなったが、「コリアン・タイム」という言葉をご存知だろうか。韓国人は、時間に対して、良く言えばおおらかな人が多い。

そういう人達の考えからすると、日本の「1分遅れても遅刻」「約束の10分前集合は常識」といった考え方は、非常に窮屈に感じるようだ。

故にそれを知らない日本人が、「韓国人は何てルーズなんだ」と思うこともしばしばあるようだが、それはあくまで「日本人の常識」なのである。しかも、遅れてきてもあまり「謝る」ということが比較的少ない。韓国人にとって、「謝る」という事は非常に重要な事であり、心から「自分が悪い」と思わない限りは、めったなことでは謝ったりしない。そのため、遅れてきても、自分の中できちんとした理由があれば、あまり謝る必要性を感じないのである。だから、韓国人の友達と待ち合わせをして、もし遅れてきても、怒ったりされないことである。

しかし注意しなければならないのは、「じゃあ私も適当に行くか」といって遅れたら、その友人はたまたま時間に厳しい韓国人だった、というような事もあり得るので、なるべく時間には間に合うように、そして相手が遅れてきても理解されることだ。それでは何だか不公平のようだが、時間に対する韓国人の考え方を肌でつかむには時間が必要であり、またこれは多くの日本人の体験に基づいたアドバイスである。

5 お金に関する考え方

お金に関しても、日本人と韓国人の考え方には色々と差がある。中でも代表的なのが、「ワリカン」についてである。日本人にとって、「おごる」というのは、一般的に「ちょっと特別な事」ではないだろうか。「相手に迷惑や負担をかけないように」という、「和」を大事にする考え方から生まれた習慣の一つ、それが「ワリカン」であるとは言えないだろうか。韓国では、ワリカンをするのは、せいぜい学生たちが何人かで連れ立って食事をする時ぐらいであり、あとは基本的に「おごり」である。また、例えば三人で食事をしに行き、ワリカンをする事になって、その内の一人が持ち合わせがない時、日本人であれば「ごめん、ちょっと貸しといてくれない？明日返すからさ。」と言うところだが、韓国人の場合は、極端に言えば、そういう場合は「なければ出さなくていい」のである。その時に余裕のある人が負担し、ない人は次の機会に、となる。

そして、一般的に、男女ならば男性が、先輩・後輩であれば先輩がおごるのが普通である。また友達同士なら、例えば食事代をおごってもらったら、「じゃあこの後のコーヒーショップでは私が」というふうにする場合も多い。

物価が世界一高い日本に住む韓国人達でも、あまりワリカンをしないの

だから、大変である。そのため、日本人がワリカンをする時に、計算機を使って10円の単位まで計算する人がいるが、韓国人にとって、それは到底、理解できない事である。

そのおおらかさが、一面的に見れば「人間的な大きさ」「情の深さ」という事になるのである。

6 友情表現の違い(1)

韓国人の若者達が、友達(チング)に電話をかけた時に、ほぼ100%、交わす言葉がある。それは、「もしもし(ヨボセヨ)」「いまどこ？」「ごはん食べた？」「何してるの？」さらには「誰と？」という言葉である。日本人の友達同士で、電話をする度にそんな事を聞かれたら、「何でこんなに干渉してくるんだ」と思われかねないが、韓国人にとって、これはほとんど「あいさつ化」している。

韓国人の友情表現、それは「どれだけ相手に関心を示すか」であるとも言える。仲がいい友達であればあるほど、韓国の人々はお互いの事を実によく知っている。また、特に用事がなくても電話をする場合も多く、あまり連絡をしないと「何で連絡しないんだ」と言われたりする。

韓国の人々というのは、実に「人が好き」「友達が好き」な人々である。だから「日本風」な、いわゆるプライバシーや、「一人の時間」を大事にする交際の仕方では、なかなか難しい面がある。例えば、こんな話がある。友人のA君が、仕事で海外に行って、久しぶりに帰って来た。日本人であるB君は、「きっとA君は帰ってきたばかりで、疲れているだろうから、今日は一人にしてあげた方がいい」と言った。韓国人のC君は、それを聞いて不思議そうな顔をした。そして「そういう時こそ、友達が会いにいってあげれば喜ぶんじゃないか」と言った。B君にとっても、C君にしても、それはA君への友情表現であり、思いやりから出た言葉であるが、言っている事は二人とも正反対である。

そういう事情もあって、どうも日本にいる韓国の人々は、日本人に対して心の距離を感じるようである。せっかく友達になったと思っても、電話も来ない。会いにも来ない。たまに会えば、「やあ、どうも久しぶり」と笑顔で言うものの、その後はまた連絡がない、そうした日本人の態度が、寂しく感じられるようである。

日本には、大学への留学生とともに、いわゆる「日本語学校」への就学生も非常に多い。

しかし、そうした若者に、日本に友達はいるかと尋ねると、多くの学生

たちは「いない」と答える。また、経済的にも厳しいため、アルバイトをしている学生も多いが、職場には既に「バイト仲間」の「輪」ができており、先述した習慣の違いなどもあって、せっかく周りに日本人がたくさんいても、なかなか打ち解けられないようである。しかも、アルバイトの中で使う日本語の語彙が限られており、またせっかく高いお金を払って授業を受けても、友達は韓国人ばかりで、アルバイトをしてもそのような状況であるから、いっこうに日本語の実力が伸びないで困っている学生達も大勢いる。だからそういった学生達に、日本人の友達を紹介してあげると、とても喜んでくれる。それほど日本という国は、彼らにとっての「友達」ができにくい所なようである。

もし、あなたに韓国人の友達ができたら、特別な用事がなくても、よく連絡をとって、気軽に声をかけて頂けたらと思う。「ヨボセヨ(もしもし)」と。

7 友情表現の違い(2)

韓国人の一つの特徴、それは「ストレート」という点である。そのため、海外に留学に行った韓国人学生のジョークを、他の国の学生が理解できなかったり、時には傷ついてしまう事もあるようである。つまりジョークも「ストレート」なのだ。しかも、親しければ親しいほど、その表現は過激である。

これも確かな資料に基づいた話などではないが、何人かの韓国人が言うには、「韓国語は世界一悪口の種類が豊富(?)な言語」であるらしい。しかし、これもうなずけてしまうのである。しかも、もとから韓国人は比較的声が大きいため、日本の方はよく、韓国人同士の会話を聞いて、「喧嘩をしているのか」と勘違いされるようである。

だから、例えば「太ったね」等、親しいからこそ言える、こうしたストレートな表現も、「ああ、これは友情表現なんだ」と受け止めて頂きたい。

8 物に対する考え方の違い

多くの韓国人には、あまり「自分の物」という感覚がない。たいていの物は、皆と分け合うというのが、韓国人の物に対する一般的な考え方のようである。例えば、ジュースや、お菓子なども、自分の分だけ買って一人で食べる、という事はあまりない。

煙草を吸う場合にも、まず他の人にも勧め、さらに火もつけてあげてから、自分も吸う。酒の席などでは、自分の煙草をテーブルに置いて、皆で一緒に吸う事も多い。ある日本人の若者が、韓国人と一緒に飲みに行って、

何気なくテーブルの上に自分の煙草を置いていたら、気が付くと全部なくなっていた、という話もある。

また、友達ともなれば、筆記用具などの物を借りる場合にも、特に何も断らないで使う事が多い。これは何も驚く事ではないようである。更に、手帳や本などを見ていると横からのぞいてみたりと、とにかく相手に関心を示すのが韓国人の友人関係である。そのためか、よく韓国人が「日本人には、何か線をひかれたように感じる」と言うのだが、韓国人と親しく付き合うためには、物も心も分け合い、分かち合う事が大切だ。

9 「本音がわからない」と言われる日本人

韓国人がよく口にする日本人観、それは、良い面を言うと「勤勉」「秩序をよく守る」「人に迷惑をかけないようにしている」等々あるのだが、で「心で何を考えているのかわからない」と言う人も多い。そう、世に言う「本音と建前」である。日本人にとって、それは時として必要な事でさえあるわけだが、韓国人は、この習慣に対してあまり良い印象を持っていないようである。

韓国の人々の多くが「ストレート」である事は前にも述べたが、やはりそれだけに「建前」を嫌う人も多い。例えば、「今度ぜひ家に遊びに来て下さいよ」「ぜひ食事をしに行きましょう」と言って、いきなり「いつにしましょうか？」などと言われたら面食らうのではないだろうか。何も、いつも韓国人がそう答えるわけではないが、日本人にすれば、そうした言葉は礼儀上の事である場合が多いと言えるが、韓国人は、大部分そうではない。本当に「行こう」と思わなければ、そのような言動をする事は少ないと言えるだろう。

しかし、日本人は「今度どこどこに行きましょうよ」と言われたら、実は行きたくない場合でも、なかなか「NO」とは言えない。それらは、日本的な「奥ゆかしさ」であり、相手に対する配慮なのかもしれないが、韓国人は、その言葉が「建前」であると気づいた時、そこに「見えない壁」を感じてしまう。もちろん相手を傷つけるような事は言うべきではないが、自分が何を考え、何がしたくて、何が嫌なのかをはっきり言ってこそ、そこに韓国人は友情を感じるのである。

10 社会的なマナーの違い

今、日韓両国では、ワールドカップを中心として、実に多種多様な交流が行われ、人々の往来もかつてない盛り上がりを見せているが、そうした人々の中には、初め

て日本を訪れるという人々も、数多く存在する事だろう。

　韓国人の中でも、留学生などの長期滞在者は、ある程度日本式のマナーにも慣れているかもしれないが、特に初めて日本に来た韓国の人々と付き合う場合に、日本の方がぜひ知っておかれた方が良いと思われるマナー、それは「目上の人」と付き合う場合の礼儀である。韓国の家庭では、子供は基本的に、両親に対しては必ず敬語を使い、特に父親に対する礼儀は、日本とは比べものにならないほど徹底されている。これは大げさな例かもしれないが、現代の日本の家庭では、父親に敬語を使う子供達は少なく、父親が出勤する際には、布団の中から聞こえてくる「いってらっしゃい」という奥さんの見送りを背中に受けながら、その日に出すゴミ袋を持って、いそいそと出かけていく…といった話も、それほど珍しくはない。しかし、韓国ではあり得ない事である。

　例えば、たとえ息子であっても、父親の前で煙草を吸う事はあってはならない事であり、酒を飲む時にも、顔を横にそむけ、左手で口の辺りを隠して飲むといった具合である。何故ここで父親の例を持ち出したかといえば、「目上の人の象徴」のような存在であるからだ。

　故に、父親でなくても、目上の人に対しては、そのような態度で接するのがマナーである。多少目上ぐらいの人に対しても、煙草を吸う場合には、「吸ってもいいですか？」と断ってから吸うのである。

　他にも、日本人は、「やあ」などと言って肩を叩いたりするが、特に年上の人に対しては、大変な失礼に当たるなど、年齢の上下には、大変厳しい文化である。

　おそらく、日本の方に対しては、文化の違いによる失礼があったとしても、「文化が違うから・・・」と理解してはくれるであろうが、そうした相手の習慣、礼儀を尊重する事で、きっと韓国の人も喜び、こちらに親しみを感じてくれる事だろう。

11 韓国の若者の歴史観

　日本でも、よくマスコミ等を通して知られている事でもあるが、依然として、韓国の人々が日本を見る目は厳しい。その多くは、近代における日本の植民地支配や、戦後に日本政府がとり続けてきた態度に起因するところが大きい。

　日本と韓国の間で、活発な民間交流が行われ、両者が歩み寄ろうとしても、いつもその眼前に立ちはだかる、最も大きな「見えない壁」もまた、この歴史問題である。

政治家の暴言や、謝罪の言葉とは明らかに異なる態度によって、被害者の方々の心は傷つき、「青少年交流」等の、未来を作る流れが遮断される。これほど残念な事はない。また、これほど悔しい事はない。
　一般的に、大部分の日本の若者達は、そうした日韓の歴史問題について、何も知らないと言っても過言ではない。その要因としては、受験偏重の歴史教育や、家庭における歴史教育が、あまり重要視されていない事など、様々挙げられるだろうが、韓国の学生達は、驚くほどの知識を持っている。
　韓国の高校の授業で使用される「国史」の教科書には、日本の植民地支配に関する記述が、約60ページにわたってなされており、家庭においても、それらは民族の「忘れてはならない歴史」として語り継がれて来た。
　日本では、そうした韓国の歴史教育を批判する意見もあるようだが、何よりも大切な事は、その韓国の人々の「声」を聞き、痛みを知り、理解しようとするところから始める事ではないだろうか。実際に、親戚やおじいさん、おばあさんが当時の日本軍によって苦しめられたという若者も、数多く存在する。
　確かに、歴史問題は簡単ではない。色々な見方も、主張もあるだろう。しかし、韓国の人々が「傷」を受け、また現在もその傷が癒えずに苦しんでいる人がいるという事実だけは、動かし難い「真実」ではないだろうか。
　ある教育者は言った。
　「若い世代には、過去に起こった戦争には責任がない。しかし、未来に戦争を起こさないという責任はある。そのために、しっかり歴史を学ばねばならない。」と。
　なにもここで、ことさらに歴史問題に対する主張をしようというのではない。また、最近の韓国の若者の中には、「過去の事は忘れよう」という人々も増えてきてはいるが、韓国の人々が、過去の歴史についてどのように受け止め、考えているかという事を知っておく事、「知ろう」とする事が、韓国の人々と、より親しくなるために、大切な事なのである。
　友情とは、ある側面から言えば、「心」と「心」を交わすことであるとは言えないだろうか。読者の皆様が、今まで述べてきた事を参考に、より楽しく、より率直に、韓国の人々と、「心」と「心」の対話を交わし、そして素晴らしき友情を結ばれ、日本と韓国の間に、「友情」と「信頼」で飾られた、壮大な日韓友好の「宝の橋」が築かれる事を、心から願ってやまない。

韓国語が通じる病院

　旅先での病気やけがは、最も気をつけたいことのひとつであるが、いざ病気などになった場合、外国語で症状を詳しく伝えることは非常に困難である。

　しかし、適切な治療を受けるためには、医師に症状が正しく伝わらなければならない。そこで、万が一のために、韓国語を話せる医師のいる病院を紹介しておこう。

※ 下記の情報は、それぞれの事情により変わる場合もあります。

◯ 東京

[医師名]	[病院名]	[連絡先]
金慶培	慶仁クリニック	東京都新宿区西新宿 7-7-27 ☎ 03-9965-2839
左昌根	職安通りクリニック	東京都新宿区歌舞伎町 2-41-8 ☎ 03-5273-8231
金正沢	八重洲街診療所	東京都中央区日本橋 2-2-20 ☎ 03-3271-1829
朴権熙	上野病院	東京都台東区上野 2-46 ☎ 03-3832-0076

◯ 川崎

李泰永	中島中央病院	川崎市川崎区中島 3-9-9 ☎ 044-244-0205

◯ 京都

金在河	西京病院	京都府京都市右京区西院北矢掛町 39-1 ☎ 075-313-0721

◯ 大阪

姜健栄	大同クリニック	大阪市平野区長吉文反 3-21-7 ☎ 06-6799-1220

◯ 福岡

郭泳珀	岩谷小児科クリニック	福岡県田川市本町 6-21 ☎ 0947-45-0225
金漢満	明治記念病院	福岡県飯塚市川津 360-3 ☎ 0948-25-2345

韓国観光公社案内

韓国の観光公社は韓国旅行・観光のあらゆる情報・資料・パンフレットなどを準備しております。

● 韓国観光公社本社
〒100-180　大韓民国ソウル特別市中区茶洞10
Tel : (02)7299-600　Fax : (02)757-5997
ホームページ　http://www.knto.or.kr

● 日本支社
ホームページ　http://japanese.tour2korea.com（日本語）

● 東京
〒100-0006　東京都千代田区有楽町1-4-1（三信ビル1階）
Tel : (03)3597-1717/(03)3580-3941　Fax : (03)3591-4601

● 大阪
〒541-0053　大阪市中央区本町3-1-9（KALビル8階）
Tel : (06)6266-0847/8　Fax : (06)6266-0803

● 福岡
〒812-0011　福岡市博多区博多駅前2-1-1（朝日ビル6階）
Tel : (092)471-7174　Fax : (092)474-8015

● 名古屋
〒461-0005　名古屋市東区東桜2-13-30（トヨペットニッセイビル2階）
Tel : (052)933-6550/2　Fax : (052)933-6553

● 仙台
〒980-0011　仙台市青葉区上杉1-5-15（日本生命仙台勾当台南ビル1階）
Tel : (022)711-5991/2　Fax : (022)711-5993

指導・監修者紹介

夫　伯（プー・ベク）

・ソウル大学校 英語英文学科卒業
・韓国外国語大学校 日本語科大学院卒業
・高麗大学校 比較文学博士課程修了
・(前)韓国観光公社教育院　通・翻訳講師
・(前)慶熙ホテル経営専門大学 助教授
・(現)慶熙大学校ホテル観光大学 副教授
・(現)韓日青少年親善交流研究会 指導教授
・(現)プロセソロジー研究所理事
・(現)韓国日本学協会理事
・(現)韓国日本近代学会理事
・(現)時事日本語社名誉理事

韓国語（かんこくご）を知（し）らなくても韓国人（かんこくじん）と友達（ともだち）になる

2002年 5月 20日　初版印刷
2002年 5月 25日　初版発行

作　者　韓日青少年親善交流研究会（かんにちせいしょうねんしんぜんこうりゅうけんきゅうかい）
発行者　佐藤今朝夫

〒174-0056　東京都板橋区志村1-13-15
発行所　株式会社 国書刊行会
TEL.03(5970)7421　FAX.03(5970)7427
http://www.kokusho.co.jp

落丁本・乱丁本はお取替いたします。　制作・時事日本語社
ISBN4-336-04428-7

Ⓒ 2002　韓日青少年親善交流研究会，時事日本語社

慶熙大学校 国際教育院の紹介　　　—2001年 10月 12日 現在

　慶熙大学校は1949年に設立された韓国の名門総合大学でソウルの東北部に位置している。設立以降成長を続けてきた慶熙大学校は、国際化・世界化の流れに合わせ、1993年4月から言語教育院内に韓国語課程を設置し外国人に対する韓国語教育を実施している。1997年7月、言語教育院は名実共に国際化教育機関として生まれ変わるため名称を国際教育院に変え、その地位を新しく確立した。韓国語課程を韓国語教育部に拡大改編し効率的な韓国語の学習のため、初・中・上級の段階別学習を進めている。また学生の関心分野を教科課程に反映し、様々な選択科目を開設している。

　現在、韓国語の講師は韓国語及び韓国文学、その他韓国文化を専攻した博士課程以上の者で40余名が在籍し、毎学期韓国語教育部にて学習している学生は約30ヶ国から250名に上る。

　慶熙大学校国際教育院韓国語教育部の最も大きな特徴としてトウミ(チューター)制度の運営をあげることができる。トウミは慶熙大学校及び大学院に在学中のボランティアとして外国人学生と1対1で会い、彼らの韓国語学習と生活の手伝いをしている。現在、約180名余りのトウミが活動しており、トウミは1997年2学期からこの活動を「ボランティア単位」として取得できるようになった。

　特に慶熙大学校国際教育院韓国語教育部は1996年冬学期から大韓民国政府招請奨学生の韓国語研修機関として指定され、現在70名余りの政府招請外国人奨学生及び在外同胞(在外韓国人)奨学生が韓国語と韓国文化を学んでおり、1998年からは韓国政府の各種委託プログラムが行なわれている。韓国語教育部では学生の生活の便宜を図るため、多くの努力をしている。外国人学生を正規の学生として認定し医療保険の加入、コンピューターの使用等の特典を与えているほか、学内の体育館などの施設を自由に利用できるようにしている。その結果として講師と学生の間に緊密な連帯関係が生まれ、家族的な雰囲気を感じることができる。また、外国人学生に韓国の産業施設や文化施設、遺跡の見学ができる現地学習を実施している。本院は映像講義室及び大講義室、グループ学習のための小講義室、外国人学生のためのマルチメディア室等、学習に必要な全ての施設を備えており、全ての講義室は視聴覚システムが整っている。そして韓国語教育部の講師は常に学生の生活と学習に対し相談を実施しており、学生が最も関心を持っている進学に関する問題を個別に相談することを通じ、学生の希望する大学や大学院に進学し勉強できるよう最善の努力を尽くしている。また、外国人学生のための韓国語教育部図書室の設置及び運営と教材開発・出版、外国の大学との交流等も行なっている。このような事業を通じ、慶熙大学校 国際教育院 韓国語教育部は世界最高の韓国語教育機関として成長を続けている。

http://iie.kyunghee.ac.kr

SUBARU KOREA

日韓といえば、信頼と実績のスバルコリア(株)へ
番組制作から取材、翻訳・通訳、日韓ビジネスまで
経験豊富な人材で最高のクォリティーを提供します。

NHK-JN 韓国エージェント社　**NHK** JOHO NETWORK inc.

東亜日報donga.com 日本語版制作社　**donga.com**

番組制作および支援
- 制作コーディネーター＆各種リサーチ
- 日本語のリポーター提供
- カメラクルーおよび照明音声など機材提供
- 中継代行のパッケージ提供
- 車両およびドライバー提供
- 各種の映像素材手配および斡旋
- ワールドカップ関連取材および制作支援体制完備

新聞・通信社および出版の取材支援
要人インタビューから難題取材および支援まで

付設 翻訳・通訳センター
- 日韓／韓日翻訳(一般、新聞記事、企業PR、ウェブ、映像など)
- 日韓／韓日通訳(同時通訳、商談、会議、講義、一般、ナレーション、イベント)

※東亜日報のホームページ、donga.com 日本語版制作中

日韓ビジネスコーディネーション
- IT関連の企業間取引および提携斡旋業務
- 日韓両国への企業広報代行業務
- 公演、イベントなど各種の文化交流事業
- テレビ番組の販売業務

※NHK-JN 韓国エージェント社

SUBARU KOREA　スバルコリア(株)
韓国 SEOUL市 永登浦区 汝矣島洞44-35 第一Bldg. 601号
TEL 82-2-782-8211　　FAX 82-2-782-9211
ホームページ：http//www.subaru-korea.com (1月中に全面改修)
Eメール：subarukorea@subaru-korea.com (日本語読み可)

人間文化財作品展示販売場

　韓国観光公社の観光案内展示館内にある人間文化財作品展示販売場には重要無形文化財に指定された技能保有者をはじめその弟子達、地方文化財、名匠、伝統工芸作家の作品や観光商品40分野約530点の作品が展示されています。主要展示作品には各種生活用品、絵画、玉工芸品、ノリゲ(金、銀、珠玉などで作った女性用の装身具)、宝石箱、コムンゴ(弦楽器)、陶磁器、鍮器(真鍮製の器)などがあり、すべての作品が伝統技法で制作されています。毎週日曜日と祝日は休館。

開場時間	09:00~18:00(11月~2月は17:00)
☎	(02) 753-4472
位　置	地下鉄1号線鍾閣駅5番出口を出ると向かいに韓国観光公社ビルが見える。韓国観光公社の地下1階、観光案内展示館内

❶ 화각좌경(華角座鏡)
colored oxhom-mirror
❷ 여아돌복(女児衣裳)
girl's dress and ornzments
❸ 삼작노리개·옥노리개(三作)
triple pendent·jade pendent
❹ 안동하회탈(安東河回仮面)
hahoe mask

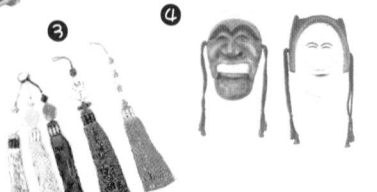

日本人のために韓国で直接作った本です。

全く初めてでもやさしく学べる

アンニョハセヨ
アンニョンハシムニカ
韓国語入門

> 韓国の声優が録音した
> カセットで正しい発音を!
> 韓国語には日本語にない発音がありますので
> カセットによる正しい発音の
> 学習をおすすめします。

韓国語、やさしく学べます!

- 韓国語を基礎から勉強する人のために、やさしく構成しています。
- わかり易い解説は、すぐ頭に入るようになっています。
- 練習問題を通じて、応用力も自然に身に付きます。
- 詳しい日本語の解説は独学用としても抜群です。

テキスト1、2巻／定価：各1,800円(本体1,748円)
カセット1、2(各2個入り)／定価：各3,500円(本体3,398円)

国書刊行会

ハングル発音表

	母音 子音	ㅏ a	ㅑ ya	ㅓ eo	ㅕ yeo	ㅗ o	ㅛ yo	ㅜ u	ㅠ yu	ㅡ eu	ㅣ i
清	ㄱ g	가 ga	갸 gya	거 geo	겨 gyeo	고 go	교 gyo	구 gu	규 gyu	그 geu	기 gi
	ㄴ n	나 na	냐 nya	너 neo	녀 nyeo	노 no	뇨 nyo	누 nu	뉴 nyu	느 neu	니 ni
	ㄷ d	다 da	댜 dya	더 deo	뎌 dyeo	도 do	됴 dyo	두 du	듀 dyu	드 deu	디 di
	ㄹ r/l	라 ra	랴 rya	러 reo	려 ryeo	로 ro	료 ryo	루 ru	류 ryu	르 reu	리 ri
音	ㅁ m	마 ma	먀 mya	머 meo	며 myeo	모 mo	묘 myo	무 mu	뮤 myu	므 meu	미 mi
	ㅂ b	바 ba	뱌 bya	버 beo	벼 byeo	보 bo	뵤 byo	부 bu	뷰 byu	브 beu	비 bi
	ㅅ s	사 sa	샤 sya	서 seo	셔 syeo	소 so	쇼 syo	수 su	슈 syu	스 seu	시 si
	ㅇ o	아 a	야 ya	어 eo	여 yeo	오 o	요 yo	우 u	유 yu	으 eu	이 i
	ㅈ j	자 ja	쟈 jya	저 jeo	져 jyeo	조 jo	죠 jyo	주 ju	쥬 jyu	즈 jeu	지 ji
激	ㅊ ch	차 cha	챠 chya	처 cheo	쳐 chyeo	초 cho	쵸 chyo	추 chu	츄 chyu	츠 cheu	치 chi
	ㅋ k	카 ka	캬 kya	커 keo	켜 kyeo	코 ko	쿄 kyo	쿠 ku	큐 kyu	크 keu	키 ki
	ㅌ t	타 ta	탸 tya	터 teo	텨 tyeo	토 to	툐 tyo	투 tu	튜 tyu	트 teu	티 ti
音	ㅍ p	파 pa	퍄 pya	퍼 peo	펴 pyeo	포 po	표 pyo	푸 pu	퓨 pyu	프 peu	피 pi
	ㅎ h	하 ha	햐 hya	허 heo	혀 hyeo	호 ho	효 hyo	후 hu	휴 hyu	흐 heu	히 hi

農音	ㄲ kk	까 kka	꺄 kkya	꺼 kkeo	껴 kkyeo	꼬 kko	꾜 kkyo	꾸 kku	뀨 kkyu	끄 kkeu	끼 kki
	ㄸ tt	따 tta		떠 tteo	뗘 ttyeo	또 tto		뚜 ttu		뜨 tteu	띠 tti
	ㅃ pp	빠 ppa	뺘 ppya	뻐 ppeo	뼈 ppyeo	뽀 ppo	뾰 ppyo	뿌 ppu	쀼 ppyu	쁘 ppeu	삐 ppi
	ㅆ ss	싸 ssa		써 sseo		쏘 sso	쑈 ssyo	쑤 ssu		쓰 sseu	씨 ssi
	ㅉ jj	짜 jja	쨔 jjya	쩌 jjeo	쪄 jjyeo	쪼 jjo		쭈 jju	쮸 jjyu	쯔 jjeu	찌 jji
二重母音	ㅐ ae	ㅒ ye	ㅔ e	ㅘ wa	ㅙ wae	ㅚ oe	ㅝ wo	ㅞ we	ㅟ wi	ㅢ ui	ㅖ ye

韓国特有の言葉ハングル

"ハングル"は10個の簡単な母音と14個の子音で構成されています。世宗大王(第4代朝鮮王朝の王)が招集した学者グループが1443年にハングルを考案しました。このユニークな音声文字は、わずか24個の文字の組合わせで、あらゆる音が発音できると言われる程、合理的な文字として知られています。そして既存の文字からの影響を受けていないという独創性や見た目の面白さで、世界中の言語学者から非常に多くの関心を集めています。

■本来は上記の『ハングル発音表』での発音が正しい発音なのですが、本書の本文では、『ハングル発音表』の発音とは若干異なりながらも、日本人の方が最も発声しやすく、最大限韓国語に近い発音を、カタカナで表記致しました。